Stalingrado
1942

O início do fim
da Alemanha nazista

Proibida a reprodução total ou parcial em qualquer mídia
sem a autorização escrita da editora.
Os infratores estão sujeitos às penas da lei.

A Editora não é responsável pelo conteúdo deste livro.
O Autor conhece os fatos narrados, pelos quais é responsável,
assim como se responsabiliza pelos juízos emitidos.

Consulte nosso catálogo completo e últimos lançamentos em **www.editoracontexto.com.br**.

ALEXANDER WERTH

Stalingrado
1942

O início do fim
da Alemanha nazista

Posfácio e notas
por Nicolas Werth

Tradução
Patrícia Reuillard

editora**contexto**

Stalingrad © Nicolas Werth, 2012

Direitos para publicação no Brasil adquiridos pela
Editora Contexto (Editora Pinsky Ltda.)

Foto de capa
Soldados do Exército Vermelho lutando no telhado de uma casa em Stalingrado, jan. 1943 (Bundesarchiv, Bild 183-E0406-0022-001/CC-BY-SA3.0)

Montagem de capa e diagramação
Gustavo S. Vilas Boas

Preparação de textos
Lilian Aquino

Revisão
Daniela Marini Lwamoto

Dados Internacionais de Catalogação na Publicação (CIP)
Angélica Ilacqua CRB-8/7057

Werth, Alexander
  Stalingrado : 1942 / Alexander Werth ; tradução de Patrícia Reuillard. – 1. ed., 2ª reimpressão. – São Paulo : Contexto, 2019.
  224 p. : il.

  Bibliografia
  ISBN 978-85-7244-930-4
  Título original: Stalingrad 1942

  1. Stalingrado, Batalha de, 1942-1943
  2. Guerra Mundial, 1939-1945 – Rússia 3. Alemanha
  4. Nazismo I. Título II. Reuillard, Patrícia

15-0954   CDD 940.5421

Índice para catálogo sistemático:
1. Stalingrado, Batalha de, 1942-1943

2019

Editora Contexto
Diretor editorial: *Jaime Pinsky*

Rua Dr. José Elias, 520 – Alto da Lapa
05083-030 – São Paulo – SP
PABX: (11) 3832 5838
contato@editoracontexto.com.br
www.editoracontexto.com.br

Sumário

Apresentação 7

Stalingrado, ponto nevrálgico 9
A Batalha de Stalingrado se inicia 45
O Exército Vermelho contra-ataca 83
Stalingrado: a agonia 149
Visita a Stalingrado 167

Posfácio 217
O autor 223

Apresentação

A Segunda Guerra Mundial mal havia acabado quando o jornalista Alexander Werth publicou *Stalingrado*. Ao acompanhar uma das batalhas mais sangrentas da Segunda Guerra Mundial, Werth teve acesso a oficiais, especialistas militares e artigos especializados dos jornais do Exército. Foi um dos poucos jornalistas "estrangeiros" a cobrir a frente Oriental. Na verdade, Werth não era verdadeiramente estrangeiro: nasceu em São Petersburgo em 1901 e mudou-se com a família, que fugia da Revolução Russa, para a Inglaterra, onde se formou jornalista. Era tão fluente em russo quanto em inglês e isso, sem dúvida, foi essencial para o seu papel de correspondente de guerra.

A Batalha de Stalingrado durou mais de seis meses: do final de julho de 1942 até 2 de fevereiro de 1943. Compõe, junto com a Batalha de Moscou e o Cerco de Leningrado, um dos grandes embates entre soviéticos e alemães na Segunda Guerra, com perdas imensas dos dois lados. Este livro, publicado originalmente em janeiro de 1946, une o sabor da cobertura jornalística com o rigor da pesquisa que o autor fez ao término do conflito. Assim que os alemães capitularam, Werth chega a uma Stalingrado ainda traumatizada e nos relata com vivacidade tudo o que observa. Apesar das décadas que os separam, o leitor, ao mergulhar nesta obra, sente-se andando pelas ruas que, havia tão pouco tempo, eram palco da sangrenta batalha.

A Editora Contexto tem orgulho em apresentar esta obra clássica, até hoje considerada insuperável.

Os editores

Stalingrado, ponto nevrálgico

Durante cinco meses e meio – da segunda metade de agosto de 1942 até o início de fevereiro de 1943 –, esse quadradinho que indica "Stalingrado"* no mapa (na próxima página) passaria a ser o centro do universo. Hoje, em 1945, pode-se compreender melhor, retrospectivamente, por que a Batalha de Stalingrado marcou de fato a grande virada da Segunda Guerra Mundial. Todos acreditavam, sobretudo nos três meses iniciais da batalha, que a tomada de Stalingrado pelos alemães acarretaria, se não o desastre definitivo do Exército Vermelho, pelo menos a dispersão da força defensiva soviética e particularmente de seu potencial ofensivo. A Alemanha sairia disso bastante fortalecida, tanto no plano estratégico quanto no econômico, e se sentiria forte o suficiente para lançar uma ofensiva contra Moscou, o Oriente Médio, até mesmo a Grã-Bretanha.

---

* N. T.: Entre 1598 e 1925, a cidade se chamou Tsaritsyn e, entre 1925 e 1961, Stalingrado. A partir dessa data, passou a se chamar Volgogrado, mas um movimento na Rússia defende a volta ao nome de Stalingrado.

A BATALHA DE STALINGRADO – NOV. DE 1942-MAR. DE 1943

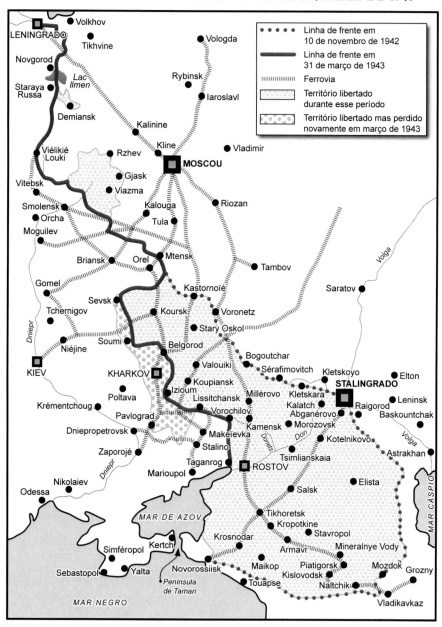

Stalingrado, ponto nevrálgico

Embora não se soubesse muito bem como nem em que circunstâncias a defesa vitoriosa de Stalingrado poderia levar à derrota da Alemanha, acreditava-se, na Rússia e especialmente no Exército Vermelho, que, se Stalingrado não cedesse, isso culminaria na vitória final.

Havia uma percepção – pelo menos para quem estava em Moscou – de que, se Stalingrado resistisse, o que frustraria os planos alemães de campanha do verão e do outono europeus de 1942, novos fatores muito desfavoráveis aos invasores entrariam em jogo. Sem muita clareza, as pessoas pensavam nos problemas de comunicação que, com a proximidade do inverno, o exército alemão, espalhado em grandes territórios, inevitavelmente encontraria. Além disso, todos lembravam a contraofensiva russa do inverno anterior, perto de Moscou, e esperavam a implantação da "segunda frente" que, cedo ou tarde, acabaria por se concretizar. Esse novo contexto forçaria os alemães a diminuir a pressão sobre a Rússia, e a situação começaria a "evoluir" favoravelmente.

Deve-se ressaltar, todavia, que pelo menos durante três meses, tanto na Rússia quanto no resto do mundo, considerou-se Stalingrado sobretudo como uma grande batalha defensiva. Em muito pouco tempo, essa cidade se tornou uma lenda e o símbolo da coragem e do heroísmo russos. O inferno de Stalingrado tinha sua peculiaridade: era uma Batalha de Sebastopol* em escala muito maior, mas não necessariamente uma derrota, como essa o fora. Ademais, o que estava em jogo em Stalingrado era bem mais importante. O sentimento de que o Exército Vermelho era levado às suas últimas barricadas era unanimemente compartilhado; não apenas o simples soldado, mas também o alto-comandante do exército, o Partido, o governo e o próprio Stalin estavam bem decididos a não perder *esta* batalha. Um mesmo pensamento unia o povo e os combatentes e, em particular, os defensores de Stalingrado: além do Volga, não havia mais nada.

---

* N. T.: Referência ao cerco de Sebastopol, entre outubro de 1941 e julho de 1942. Nesse cerco, o Exército Vermelho e a Wehrmacht lutaram pelo controle da base de Sebastopol, no mar Negro. A Alemanha venceu a batalha.

Essa impressão era mais forte ainda para os combatentes que chegavam à cidade pelo leste, após a travessia das estepes áridas que se estendiam à margem oriental do Volga e quase não difeririam dos desertos da Ásia central: a Europa acabava ali.

Se Hitler e seus generais faziam da tomada de Stalingrado uma questão de honra, a conservação da cidade era ainda mais simbólica para o comando do Exército Vermelho e para o governo soviético. Naturalmente, não se tratava apenas de uma questão de honra, mas o símbolo também tinha sua importância.

Entretanto, a defesa de Stalingrado representava apenas um aspecto do conflito. Em retrospectiva, vê-se que ela estava estreitamente ligada à grande contraofensiva russa que aconteceria em um segundo momento, e que era essencial manter Stalingrado não somente pelas "razões gerais" presentes em todas as mentes, mas também para permitir que o alto-comando preparasse bem a contraofensiva de novembro de 1942. Ninguém, fora um círculo muito pequeno – incluindo provavelmente Winston Churchill, que fora a Moscou em agosto –, estava a par, na época, desses preparativos. Mais tarde, em outubro, os combatentes russos de Stalingrado começaram certamente a imaginar que "algo" estava sendo tramado. Os alemães, por sua vez, deviam imaginar que os soviéticos organizavam uma contraofensiva em Stalingrado, mas, como sempre, subestimaram a força do golpe e pareceram acreditar piamente que isso não modificaria de todo a situação militar.

Assim, Stalingrado era verdadeiramente o ponto nevrálgico de toda a campanha militar do verão e do outono europeus de 1942. A cidade foi também o ponto de partida da grande e última ofensiva russa que expulsaria os alemães da União Soviética e levaria à queda do Terceiro Reich. Se houve um momento decisivo durante a Segunda Guerra Mundial, foi indubitavelmente a Batalha de Stalingrado. Por essa razão, cabe examinar detalhadamente as duas fases do conflito: a fase defensiva, que durou até 19 de novembro de 1942, e a fase ofensiva, que levou ao cerco de 330 mil alemães do 6º Exército e do 4º Exército de blindados e marcou

Stalingrado, ponto nevrálgico

o início da ofensiva geral russa, de 19 de novembro até março de 1943. Essa ofensiva levaria rapidamente à libertação completa do Cáucaso (à exceção do pequeno bolsão alemão da península de Taman), da região do Don e de grande parte da Ucrânia oriental, das províncias de Voronej e de Kursk, e à tomada dos bolsões alemães a oeste de Moscou, assim como ao fim do cerco de Leningrado.

Essa ofensiva modificou de modo radical a situação militar e acabou definitivamente com a iniciativa dos alemães, exceto por duas contraofensivas, parcialmente vitoriosas, mas limitadas (uma em Kharkov, em março de 1943, outra em Jitomir, em dezembro do mesmo ano), e por uma última cartada ofensiva na região de Kursk-Orel, em julho de 1943, que se tornaria o maior desastre sofrido pela Wehrmacht.

STALINGRADO, PONTO NEVRÁLGICO – AGO. DE 1942

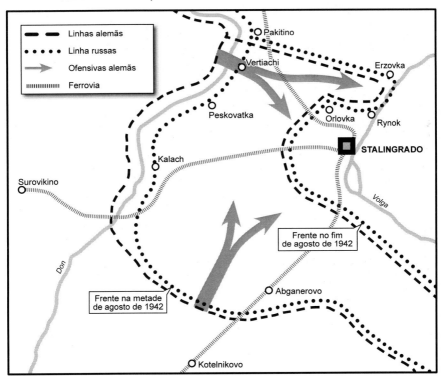

Hoje em dia, pode-se estabelecer, com maior precisão do que na época, as principais etapas e particularidades da Batalha de Stalingrado. As páginas seguintes, assim como a análise da segunda fase da batalha, baseiam-se em inúmeras entrevistas que fiz, em particular durante a primeira metade de 1945, com alguns militares soviéticos do alto escalão, diretamente envolvidos na batalha, sobretudo com o general Talansky[1] e com alguns combatentes que participaram do início ao fim dos combates de Stalingrado. Baseei-me igualmente em artigos publicados em revistas militares, como *Voiennayamysl* ("O pensamento militar"). O texto detalhado do coronel Zamiatin, publicado nessa revista em abril de 1944 e intitulado "A Batalha de Stalingrado", foi especialmente precioso para mim. Cito também uma importante série de artigos escritos pelo general Galaktionov[2] na revista *Znamia*, em 1944-1945.

Esses militares não são nem românticos nem sentimentais. Embora prestem homenagem ao heroísmo dos defensores de Stalingrado, eles insistem que "o heroísmo não basta" e que foram razões militares bem precisas que levaram à vitória da Batalha de Stalingrado nas fases defensiva e ofensiva.

No outono europeu de 1942, um general americano em visita à Rússia afirmava que somente a coragem dos combatentes russos podia explicar por que os russos ainda mantinham Stalingrado, justificativa considerada insuficiente pelos especialistas militares atuais.

À minha pergunta sobre as principais razões que permitiram esse feito apesar da nítida superioridade numérica dos alemães, o general Talansky apresentou seis razões:

1. A coragem, a resistência e a experiência dos combatentes soviéticos – de uma importância absolutamente capital nessas circunstâncias.
2. As condições particulares dos combates em uma cidade como Stalingrado. Assim que os combatentes soviéticos se adaptaram a essas condições, os alemães não conseguiram mais lan-

çar investidas maciças de choque frontal. Tampouco puderam fazer grandes manobras com forças de assalto significativas. A última e mais importante tentativa de furar o cerco aconteceu no mês de outubro, mas, mesmo nesse momento, o sucesso foi apenas parcial, exatamente porque não conseguiram mobilizar um número suficiente de forças contra as posições soviéticas: não dispunham de espaço para fazer manobras de flanco como teriam feito em terreno aberto, e seus tanques só eram operacionais em pequenos grupos.
3. As tropas soviéticas haviam sido especialmente bem preparadas para a técnica de combate de rua. O próprio Stalin havia dado aos combatentes instruções especiais extremamente detalhadas sobre esse ponto.
4. A existência de grandes concentrações de armas antitanques em Stalingrado e o estabelecimento de uma rede bem densa de atiradores bem protegidos. Grande parte da infantaria estava equipada com canhões antitanques e impôs enormes perdas aos alemães, que, em geral, ainda utilizavam os T-4, vulneráveis a esses canhões. Ao longo da batalha, Stalingrado foi se tornando uma fortaleza, unicamente graças às barricadas construídas em quase toda a cidade.
5. A artilharia soviética posicionada na outra margem do Volga, e inacessível aos alemães, era evidentemente muito potente. A partir de meados de setembro, até antes, os soviéticos dispunham de duzentos canhões de longo alcance, além de uma quantidade enorme de artilharia leve e dos insubstituíveis lançadores de foguetes *katyushas*. Em média, eles tinham cem canhões por quilômetro em frente a Stalingrado, atirando sem parar no inimigo.
6. Uma organização formidável – a despeito de terríveis dificuldades – garantiu o abastecimento contínuo de armas e víveres a Stalingrado.

Todas essas considerações parecem evidentes agora, mas na época – e isso é reconhecido pelos especialistas militares de hoje – o destino de Stalingrado permaneceu momentaneamente incerto – exatamente até 19 de novembro. E Stalin tinha razão ao afirmar, em novembro de 1943, que "em outubro de 1942, o perigo que pesava sobre o país era ainda maior do que no momento da Batalha de Moscou".

No que diz respeito aos combates travados antes que os alemães alcançassem Stalingrado, o coronel Zamiatin me forneceu as seguintes informações: durante o verão europeu de 1942, o alto-comando alemão havia concentrado 70% do contingente de suas forças armadas contra a URSS, ou seja, 179 divisões, sem contar as 71 divisões de seus aliados (22 divisões romenas, 14 finlandesas, 10 italianas, 13 húngaras, 1 eslovaca e 1 espanhola). Assim, naquele verão, 250 divisões – cerca de 3 milhões de homens – lutavam contra as forças soviéticas. Aproximadamente a metade dessas forças se concentrava no sul, entre Boguchar e Mozdok.

Lembremos que, após o fracasso da ofensiva contra Voronej, defendida pelo general Vatutin, os alemães direcionaram a maioria de suas forças armadas para o sul. O momento mais crítico da segunda fase da ofensiva alemã – isto é, após o fracasso de Voronej – foi a ofensiva de Millerovo, em torno de 20 de julho. Eles conseguiram cortar a linha férrea Moscou-Rostov, privando o Exército Vermelho da última via de comunicação norte-sul a oeste de Stalingrado.

Logo depois, Rostov protagonizou um novo desastre para os soviéticos. Retrospectivamente, os especialistas militares russos não dão a isso a mesma importância da época por razões relativas à disciplina e à propaganda do exército.

Conseguiu-se finalmente deter os alemães na região de Mozdok e, mais tarde, em Vladikavkaz, a leste, e ao norte de Tuapse, em direção ao oeste.

Segundo esses mesmos especialistas militares russos, a campanha alemã do verão de 1942 foi um projeto arriscado, mas planejado de modo racional. Se os alemães tivessem conseguido entrar em Voronej, certamente teriam colhido uma grande vitória estratégica. Se a tomada de Stalingrado tivesse ocorrido nos primeiros momentos da batalha, essa vitória também teria tido consequências espetaculares. Em certos aspectos, a estratégia alemã repousava em uma ideia muito sensata: por experiência, os alemães sabiam que, no outono de 1941, o alto-comando soviético tudo fizera para salvar Moscou – e isso em detrimento dos outros *fronts*. Também sabiam que, atacando no sul, os soviéticos dependeriam em grande parte das tropas lá estacionadas e não poderiam enfraquecer as posições defensivas em torno de Moscou e Leningrado. Se tivessem transferido as frentes da capital e de Leningrado, o resultado poderia ser fatal pela simples razão de que os alemães dominavam as comunicações e, portanto, a mobilidade das tropas. Os russos haviam perdido quase todas as vias férreas que ligavam o norte ao sul e, se tivessem deslocado suas unidades em direção ao sul de Moscou ou de Leningrado, os alemães teriam se agrupado rapidamente e retirado suas forças do sul para lançá-las sobre Moscou antes que os russos tivessem tempo de trazer as suas para defender a capital. Por excesso de cautela, os alemães haviam provavelmente cometido um erro na região de Moscou e em Leningrado: ainda nutriam esperanças de tomar Moscou de assalto. Quando os soviéticos lançaram a ofensiva em Rzhev para impedir o avanço de trinta divisões alemãs ali estacionadas, os alemães se imobilizaram e não enviaram sequer uma parte de suas tropas ao assalto de Stalingrado ou do Cáucaso, mesmo correndo o risco de perder o "bolsão de Rzhev" constituído pela linha Gjatsk-Viazma-Rzhev.

Essa foi uma das raras vezes durante a guerra em que os alemães deram provas de cautela excessiva, com consequências desastrosas para eles. É evidente que poderiam ter assumido esse risco, pois os soviéticos certamente não dispunham, nesse momento, das forças necessárias para lançar uma ofensiva em direção à Polônia ou à Prússia Oriental. Porém, mais uma vez, a ideia de perder o "bolsão de Rzhev" feria o amor-próprio de Hitler.

Ainda que eles tenham se mostrado cautelosos demais na linha de frente sul, deram provas de autoconfiança desmedida quando pensaram em tomar ao mesmo tempo Stalingrado e Baku. Mas, uma vez retidos em Stalingrado e em Mozdok, encontraram-se em uma situação difícil.

Tendo fracassado nesses dois objetivos, não podiam mais nem abandonar um, nem se concentrar no outro. Teoricamente, os alemães poderiam ter alcançado um ou outro: retirar-se do Cáucaso e lançar todas as tropas dessa frente contra Stalingrado – mas isso teria permitido que importantes forças soviéticas saíssem em auxílio de Stalingrado – ou fortalecer suas posições no Cáucaso em detrimento de suas posições naquela cidade, manobra ainda mais perigosa, pois implicava o risco de um avanço soviético em Stalingrado ou no noroeste da cidade, que separaria as forças alemãs estacionadas no Cáucaso de suas retaguardas ao longo do rio Don.

Mais uma vez, as questões de honra venceram do lado alemão: para Hitler, estava fora de questão abandonar voluntariamente Stalingrado ou o Cáucaso; os alemães só se decidiram por evacuar rapidamente o Cáucaso quando Stalingrado se transformou em um gigantesco desastre. Conseguiram apenas se manter na península de Taman, que, após a perda de Rostov, permaneceu a única porta de saída para a Crimeia. Manter essa península teve, durante certo tempo, uma importância estratégica de primeira ordem e de propaganda política.

Bloquear vastas forças soviéticas ao sul de Rostov e ao norte de Krasnodar durante grande parte de 1943 atrapalhava bastante os russos e oferecia, além disso, uma proteção temporária às posições alemãs na Crimeia. Do ponto de vista da propaganda alemã, isso deveria ser um trampolim para a reconquista do Cáucaso.

Stalingrado, ponto nevrálgico

Nesse esquema esboçado em grandes linhas, Stalingrado ocupava naturalmente um lugar central. Em 1942 e no início de 1943, a opinião pública tendia a considerar a defesa de Stalingrado, o cerco e depois a aniquilação do 6º Exército alemão como duas operações distintas, mas, à luz dos acontecimentos posteriores e graças a um melhor conhecimento do que se tramava nos bastidores, eles acabaram sendo considerados como uma única e mesma operação. Desde o início, o estado-maior geral soviético deu uma atenção especial a Stalingrado. O próprio Stalin, Jukov,[3] Vasilevsky,[4] e mais tarde o marechal de artilharia Voronov,[5] tiveram um papel decisivo na defesa da cidade e na preparação da ofensiva de 19 de novembro de 1942. O responsável pela defesa propriamente dita era o general Yeremenko,[6] homem calmo e reservado. Na manobra de cerco, o assalto principal vindo do norte era liderado pelos generais Vatutin[7] e Rokossovsky;[8] o ataque vindo do sul era liderado pelo general Yeremenko. Nesse momento, a defesa da cidade foi confiada ao 62º Exército russo, sob o comando do general Tchuikov.[9] Mais tarde, quando avançavam em direção a Rostov, Yeremenko, ferido, foi substituído pelo general Malinovsky,[10] futuro herói das batalhas de Rostov, Odessa, Bucareste, Budapeste e Bratislava.

Entretanto, há outra hipótese: os alemães haviam lançado uma ofensiva simultânea contra Stalingrado e o Cáucaso porque não tinham outra escolha. Atacando apenas o Cáucaso, expunham perigosamente seu flanco esquerdo no Don a um ataque russo em direção ao mar de Azov; atacando apenas Stalingrado, tanto o flanco esquerdo quanto o direito de seu bolsão em Stalingrado teriam ficado ameaçados.

Os alemães não contavam que essa ameaça acontecesse precisamente com o ataque de flanco vindo do sul da margem oposta do Volga, onde quase não havia comunicação. Desse modo, a topografia os obrigou realmente a atacar nas duas direções; foi especialmente para evitar um ataque russo pelo flanco do Cáucaso que os alemães foram obrigados a atacar o Cáucaso e Stalingrado ao mesmo tempo. Era um desafio formidável, e os russos perceberam que os alemães estavam arriscando muito, pois, se Stalingrado resistisse, todos os sucessos colhidos pelos alemães durante o verão e no início do outono seriam completamente perdidos e poderiam até mesmo se transformar em uma grande derrota.

Como os alemães chegaram até Stalingrado?

Hoje em dia, é possível entender melhor o aconteceu em Stalingrado. Aqueles que tentaram, pouco tempo depois da batalha, fazer um relato detalhado o fizeram às cegas. Seria impreciso dizer que a imprensa dava informações falsas sobre a situação militar (exceto por um ou dois episódios), mas, embora se insistisse muito no aspecto humano, nada se dizia sobre as operações militares propriamente ditas, nem sobre a posição exata do *front*. Ou então, quando se fazia alusão a ela, os termos eram muito vagos. Na época, muitas pessoas achavam, de maneira totalmente equivocada, que os soviéticos – mesmo em novembro de 1942 – mantinham uma grande parte da aglomeração urbana de Stalingrado.

De acordo com os soviéticos, os alemães haviam se instalado na parte sul da frente no verão de 1942. Entre Boguchar e Mozdok – na época, a frente havia se estabilizado mais ou menos nesse setor –, os alemães dispunham de mais de cem divisões, sendo um terço delas romenas e italianas. Após o fracasso em Voronej, eles escolheram Stalingrado como principal objetivo de sua ofensiva.

Como afirma o coronel Zamiatin:

> Graças à sua superioridade em tanques e aviões, os alemães conseguiram atravessar nossas posições em uma ampla frente e se deslocaram na curva do Don, nas cercanias de Bukovskaya, Morozovsky, Millerovo e Kantemirovka, cortando assim a via

férrea entre Voronej e Rostov e ameaçando seriamente Stalingrado. O alto-comando soviético, prevendo o que ia acontecer em seguida, enviou novas tropas para a zona situada entre o Don e o Volga e instalou novas linhas de defesa nessa zona. No dia 13 de julho, a frente de Stalingrado estava estabelecida. No interior da curva do Don, na segunda metade de julho de 1942, começou a ofensiva geral da campanha do verão de 1942.

A Batalha de Stalingrado compreende, na realidade, quatro fases principais:

1. A fase defensiva, até 19 de novembro de 1942;
2. A ofensiva russa ao norte e ao sul de Stalingrado, que levou ao cerco das forças alemãs na cidade;
3. A tentativa alemã fracassada de vir em auxílio de suas forças em Stalingrado;
4. A liquidação das unidades alemãs cercadas (janeiro de 1943).

Ao falar dos combates ocorridos antes que os alemães alcançassem Stalingrado, o coronel Zamiatin escreve:

> As tropas que defendiam o território no interior da curva do rio Don enfrentaram condições particularmente duras. As forças armadas soviéticas lá estacionadas estavam em número muito reduzido. Através da brecha aberta no *front*, os alemães lançaram dois poderosos exércitos – o 6º e o 4º Exércitos de blindados – com 22 divisões de infantaria, 5 blindadas, 3 motorizadas e 4 de cavalaria, tudo isso reforçado por uma forte artilharia. Essas unidades eram cobertas pela aviação, principalmente pela 4ª frota aérea de Richthofen, com mais de 900 aviões. Nossas forças eram bem inferiores, mas, ao se adiantarem ao avanço das forças alemãs, elas conseguiram ganhar

tempo, o que permitiu que o alto-comando consolidasse a defesa de Stalingrado e recebesse os reforços necessários.

O poderio das tropas inimigas, compostas na maioria por divisões de elite, indica que o alto-comando alemão tinha a intenção de tomar Stalingrado numa única investida. O plano dos alemães era lançar um assalto poderoso e atacar simultaneamente os dois flancos de nossas forças que defendiam a aproximação do rio Don; cercá-los, ultrapassar o Don e, uma vez eliminados os obstáculos, marchar sobre Stalingrado.

Esse plano fracassou completamente. O avanço das forças alemãs que haviam atacado pela retaguarda o 62º Exército russo foi interrompido em 28 de julho, e grande parte do 6º Exército alemão se viu envolvida em intermináveis combates na margem ocidental do Don.

Essa etapa da batalha foi chamada de "fase Kletskaya". O coronel Zamiatin relata o modo como o exército alemão forçou o Don ao sul – na região de Kotelnikovo – e depois a nordeste, na direção de Stalingrado:

> Foi então que o alto-comando alemão, forçado por Hitler, que exigia categoricamente que Stalingrado fosse tomada de imediato, decidiu fazer uma investida até Stalingrado a partir do sudoeste, ao longo da ferrovia Tikhoretsk-Kotelnikovo-Stalingrado. Com essa intenção, em 6 de agosto os alemães concentraram na região de Abganerovo três divisões de infantaria, uma divisão de blindados e uma divisão motorizada, as quais faziam parte do 4º Exército blindado. No mesmo momento, o comando alemão ordenou às tropas do 6º Exército que tomassem a margem ocidental do Don para preparar a etapa seguinte: o avanço sobre Stalingrado. Entre 7 e 17 de agosto, os alemães conseguiram empurrar nossas tropas para a margem esquerda. [Nesse ponto

Stalingrado, ponto nevrálgico

do relato, Zamiatin tem visivelmente em mente a extremidade oriental da curva do Don e não menciona as "cabeças de ponte" do setor Norte, como Kletskaya, que os russos mantiveram, ou Serafimovich, que recuperaram no final de agosto.]
Mas, nesse ínterim, o avanço das unidades alemãs posicionadas em Abganerovo sobre Stalingrado fracassou graças às medidas tomadas por nosso comandante para reforçar as defesas ao sul da cidade (eles trouxeram, em particular, unidades móveis equipadas de armas antitanques e dirigiram as operações melhor do que antes). Grande parte das forças inimigas que haviam conseguido forçar nossas defesas foram repelidas em 10 de agosto. Nessas condições, impossibilitados de um ataque-relâmpago, os alemães decidiram fazer uma operação de maior envergadura para tomar a própria Stalingrado, com uma manobra de flanco: um ataque vindo da ponta da curva do Don (6º Exército) e outro vindo do norte, desde Abganerovo e Plodovitoie (4º Exército blindado). O grupo Norte devia lançar o assalto na altura do vilarejo de Vertiachi, situado a 35 km a nordeste de Stalingrado. Esse grupo compreendia seis divisões de infantaria, duas divisões blindadas e duas motorizadas. O grupo Sul – três divisões de infantaria, duas divisões blindadas e uma motorizada – devia avançar até a periferia sul de Stalingrado. Outro grupo, enfim, apoiado por três divisões estacionadas na região de Kalach, devia abrir uma passagem no centro. Previa-se a ação simultânea de mais quinze divisões em outros setores do *front*. Em 17 de agosto, lançou-se um assalto violento no Don e em seu afluente, o Mychkova.

Depois disso, chegou-se ao auge dos acontecimentos.

O grupo Norte, fortemente apoiado pela aviação, conseguiu, após pesados combates, forçar o Don, avançando em nossas defesas em torno de Vertiachi e abrindo uma passagem até o Volga, bem no norte de Stalingrado, perto dos vilarejos de Rynok e de Erzovka. O sucesso tático do inimigo dificultou a defesa da cidade, pois nossas tropas posicionadas a norte de Stalingrado ficaram separadas das unidades da cidade e só podiam ser reabastecidas por via fluvial; além disso, o Volga estava sob a ameaça permanente da aviação alemã: naquele momento, os alemães eram os senhores dos ares.

As tropas alemãs dos grupos Centro e Sul também conseguiram progredir. Sob a pressão das forças inimigas, superiores em número e equipamento, nossas tropas tiveram de bater em retirada até uma linha que passava por Spartakovetz, situada a 3 km a sudoeste da linha de Rynok-Orlovka (na margem ocidental dos rios Rassochka e Tchervlionaia) e Gavrilovka-Raigorod. Essa linha formava uma espécie de crescente a oeste de Stalingrado. Foi nela que aconteceram os combates mais violentos. Os alemães que avançavam sobre Stalingrado eram superiores em homens, artilharia e tanques e dominavam totalmente os ares. No final do mês de agosto, eles conseguiram atravessar o *front* em direção a Barguino, o que obrigou nosso comandante a ordenar a retirada da linha de defesa interna de Stalingrado. Nesse meio-tempo, o setor norte se estabilizara sozinho.

Esse frio relato sobre o movimento das tropas não deixa transparecer o horror daqueles dias. Em 23 de agosto, ou seja, no dia em que avançaram no Volga ao norte da cidade, os alemães lançaram centenas de aviões contra Stalingrado; esse ataque se repetiu nos dias seguintes, e a cidade inteira se transformou em chamas e desolação. Milhares de civis foram mortos, e a maior parte da população, que ainda não havia deixado a cidade, fugiu precipitadamente para o outro lado do Volga. Durante a travessia do rio e na chegada à outra margem, esses civis eram alvo da impiedosa aviação alemã.

Stalingrado, ponto nevrálgico

Em nossas entrevistas, o general Talansky lembrou uma série de pontos importantes sobre aqueles dias dramáticos: as casas dos subúrbios de Stalingrado, explicou-me, eram de madeira e, uma vez queimadas, impossibilitavam a conservação daquela zona pelo Exército Vermelho. Era necessário, então, se dirigir a zonas com casas de tijolos ou pedras, ou o que restava delas. Por essa razão e devido ao caos ambiente, as defesas externas de Stalingrado, construídas às pressas nas semanas anteriores, revelaram-se ineficazes e não se fez nenhum esforço especial para conservá-las.

> A guerra nos ensinou, prosseguiu Talansky, que tais linhas só são eficazes quando a artilharia e as guarnições se instalam antes que o inimigo as alcance. As linhas fortificadas são geralmente secretas; assim, as tropas não podem utilizá-las sem ordens superiores específicas. E, habitualmente, a defesa desse tipo de fortificação não pode ser improvisada bem no meio de uma retirada.
> Assim, devido à ausência de guarnições nas defesas externas de Stalingrado e à destruição de todas as casas dos subúrbios, o Exército Vermelho perdeu rapidamente terreno entre as defesas externas e a própria cidade. Na zona em que as casas haviam incendiado, nada mais restava, e os homens não tinham onde se abrigar. A situação era diferente onde havia prédios de alvenaria, pois mesmo que tudo tivesse queimado geralmente restavam pedaços de paredes, fundações e estruturas de aço, que ofereciam abrigos aos soldados. Foi durante esses dias dramáticos – os últimos dez dias de agosto – que Stalingrado organizou realmente sua defesa entre bombardeios e tiros de obuses. Uma das vantagens dos prédios de alvenaria – de tijolos ou pedra – era que, uma vez incendiados, nada mais podia queimá-los. O sistema de defesa criado naqueles dias era o clássico: pontos de tiro próximos uns dos outros e aptos a atirar em todas as direções.

A batalha dentro da cidade

A situação permaneceu extremamente crítica até o dia 15 de setembro. Entre o fim de agosto e meados de setembro, os alemães foram impedidos de avançar por um fino cordão de tropas russas que diminuía aos poucos. Os comunicados de imprensa da época, mesmo sem conter nenhum fato específico, dão uma ideia clara da extrema ansiedade que reinava entre os soldados em Stalingrado, pois sentiam que estavam lidando com uma força maior do que a sua. Porém, graças à organização dos postos de tiro já instalados, os russos não perderam tanto terreno quanto se poderia crer. Em 13 de setembro, o *front* ainda formava uma linha irregular que, ao norte, desde o ponto alcançado pelos alemães no Volga, apresentava um bolsão de 12 km de extensão. Na parte norte de Stalingrado, os alemães estavam ainda a 7 km do rio, na altura das fábricas Barrikadi e Outubro Vermelho. A profundidade da cabeça de ponte russa ainda era de 5 km, mas se reduzia a quase nada na direção sul. O comprimento total dessa linha irregular a oeste de Stalingrado era de 45 km mais ou menos, mas, considerando os efetivos reduzidos dos russos nesse momento, era inevitável que esse *front* se reduzisse – querendo eles ou não.

Os acontecimentos importantes que vamos relatar agora nunca foram publicados antes. No dia 14 de setembro – o dia mais crítico da Batalha de Stalingrado –, os russos só tinham no local sete ou oito divisões, ou o que restava delas. Todas essas unidades haviam sofrido pesadas perdas em combate nas últimas seis semanas. Entretanto, sua resistência era surpreendente, mesmo que o inimigo agora estivesse em vantagem para dar o golpe decisivo. Foi o que aconteceu nesse dia. Com três divisões blindadas, uma divisão de infantaria e uma motorizada ao sul, no setor de Elchanka, e com uma divisão blindada e duas de infantaria posicionadas no centro da cidade, os alemães passaram ao assalto. Ao sul, conseguiram avançar até o Volga, no setor de Elchanka e de Kuparosnoie, a cerca de 10 km antes do centro de Stalingrado. O grupo Centro avançou em uma frente de 5 km, numa tentativa de cortar em duas as unidades russas que mantinham o centro da cidade. O plano dos alemães fracassou, mas conseguiram alcançar o coração da cidade, aproximando-se bem do Volga. Além disso, tomaram a colina Mamayev, situada a meio caminho entre o centro da cidade e a fábrica Outubro Vermelho. Essa colina era um ponto estratégico vital, pois dominava toda a região e o rio e, portanto, as balsas que o atravessavam. Nesse mesmo dia, os alemães progrediram de 4 a 5 km em média em uma frente de 20 km – o que os aproximou perigosamente do Volga, a apenas 1 ou 2 km de distância.

Contudo, o comando russo não se deixou surpreender. Na noite seguinte, aconteceu algo da mais alta importância: a divisão poderosamente armada e comandada pelo general Rodimtsev conseguiu atravessar o Volga sob tiros de obuses e bombas e, já no dia seguinte, retomou duas posições-chave que os alemães não haviam tido tempo de fortificar. Ao final de violentos combates, os russos retomaram a colina Mamayev e grande parte do centro da cidade – ou seja, as duas posições de onde os alemães sem dúvida tentariam prosseguir sua ofensiva, para dividir as forças russas no centro da cidade em duas.

A partir desse momento, o verdadeiro desafio da Batalha de Stalingrado se tornava cada vez mais claro: no fundo, ela havia se transformado essencialmente em um combate pelo controle da estreita faixa de terra, com 25 km de extensão, que se estende ao longo do Volga. Após a divisão de Rodimtsev, outros reforços chegaram a essa faixa – as divisões de Gurtiev, Ludnikov e outras.

A maioria das forças russas estava naturalmente concentrada no setor central – 12 km que se estendiam do centro de Stalingrado até a fábrica de tratores ao norte da cidade. Para os russos, o importante era conservar essa vasta zona urbanizada com suas grandes fábricas – ou melhor, suas ruínas, grandes edifícios de tijolo e pedra que formavam, ao longo do Volga, uma faixa de defesa para as sólidas fundações. Acima do rio se erguiam grandes encostas, lugar muito propício à construção de abrigos quase inexpugnáveis. Essas encostas ofereciam também uma proteção para atravessar o Volga – salvo se os alemães ocupassem a colina Mamayev, posto de observação ideal de onde podiam bombardear com precisão todos os que se arriscassem a atravessar o rio. Mas, uma vez retomada, a colina Mamayev não se revelou de grande vantagem, contrariamente ao que haviam imaginado os alemães, pois esse "posto de observação" era um bom alvo para as baterias russas do outro lado do rio.

Durante a segunda metade de setembro, após o primeiro sério revés dos alemães, os combates se concentraram nos bairros operários – chamados de "cidades-jardins" – situados atrás das três grandes fábricas de Stalingrado, na parte norte da cidade que se estendia por quase 25 km de extensão. Nesse período, os alemães conseguiram progredir nesse setor até chegar a menos de 1 km do Volga. Nesse ínterim, o centro de Stalingrado era palco de alucinantes combates de prédio a prédio, de apartamento a apartamento, que se costuma associar aos "combates de rua" de Stalingrado. Outros bairros da cidade, onde ainda restavam prédios de alvenaria, ou pelo menos seus vestígios, também foram cenário de tais combates.

Em outubro, os alemães desencadearam seu assalto mais violento. O pior dia foi 14 de outubro, quando os russos perderam 1 km de terreno. O resultado desses combates foi que não restou mais do que uma faixa de terra incrivelmente estreita aos russos, agora cortada em três. Eles perderam a colina Mamayev, quase todo o centro da cidade e a fábrica de tratores.

A partir desse momento, a frente de Stalingrado se reduziu a três, ou melhor, a quatro "cabeças de ponte". A primeira, situada entre Rynok e um ponto ao norte da fábrica de tratores; em 2,5 km, a frente acompanhava a margem do rio, desenhando um se-

Stalingrado, ponto nevrálgico

micírculo bem regular com um raio de cerca de 1,5 km. Depois, após uma interrupção de 5 km ao longo do Volga, controlados pelas forças alemãs (esse setor incluía a fábrica de tratores), vinha uma segunda "cabeça de ponte" situada perto da fábrica Barrikadi, em uma porção de 2 km de comprimento e entre 200 m e 1 km de largura. Seguia uma curta seção de 1 km novamente controlada pelos alemães, antes da terceira "cabeça de ponte", a mais importante para os russos, com 6,5 km ao longo do Volga. A largura dessa "cabeça de ponte" ia de algumas centenas de metros a 1 km; ela compreendia a fábrica Outubro Vermelho, situada um pouco ao sul da colina Mamayev. Foi aqui que ocorreram os combates mais encarniçados no mês de outubro e novembro de 1942. A extremidade sul dessa "cabeça de ponte" incluía o norte do centro de Stalingrado. Após outra interrupção de cerca de 4 km, vinha a porção relativamente calma da "cabeça de ponte do sul", com 3 km, no setor de Elchanka-Kuparosnoie. Inúmeras referências a essa "cabeça de ponte do sul de Stalingrado" foram encontradas nos comunicados de imprensa de outubro-novembro, ao passo que, estranhamente, ela não figura no mapa de Galaktionov que indica os setores controlados pelos russos em Stalingrado no início de novembro.

A frente de Stalingrado propriamente dita terminava aí. Para além, estendia-se outra faixa, ao longo da margem do Volga, controlada pelos alemães (tomada em meados de setembro); mais adiante, ao norte de Raigorod, começavam as linhas russas que se espalhavam pelas estepes calmucas. Essas linhas formavam o lado sul do bolsão alemão de Stalingrado.

Os russos enfrentavam mais de vinte divisões alemãs que, é verdade, se desfaziam e precisavam ser constantemente reforçadas. Não que combatessem permanentemente o exército russo em Stalingrado, pois muitas estavam bloqueadas a noroeste da cidade, onde enfrentavam as forças russas da frente do Don. Porém, mesmo nessas condições, a proporção entre combatentes russos e alemães, antes da batalha defensiva de Stalingrado e essa batalha no interior da cidade, era a seguinte, de acordo com o general Talansky:

> Em julho e agosto, nos setores do Don e de Stalingrado, os alemães e seus aliados dispunham de um número de combatentes duas vezes maior do que os russos; sua artilharia era duas vezes e meia maior, e eles possuíam três vezes mais tanques. Sua superioridade aérea era esmagadora.
> Na cidade de Stalingrado propriamente dita, em setembro, a situação era ainda mais desfavorável: a infantaria alemã era três vezes mais numerosa do que a russa, e o exército alemão dispunha de nove vezes mais tanques de assalto do que o russo. Nos combates de rua, felizmente, o tanque não era mais uma arma decisiva pelas razões já expostas. Em setembro, os russos continuavam desesperadamente em posição de inferioridade nos ares, mas – particularidade dos combates dentro de Stalingrado – quanto mais os alemães bombardeavam as posições russas, mais obstáculos criavam à sua própria progressão. Com o acúmulo de montanhas de detritos e ruínas, era difícil, até impossível, manobrar os blindados.
> Além disso, os bombardeios criavam novos abrigos para os defensores russos. Em setembro, a artilharia russa recebeu reforços; a vantagem alemã se reduziu à metade, e os russos contaram enfim com canhões melhores. Em outubro, também a superioridade aérea esmagadora de antes diminuiu.

O exército russo se encontrava muito bem protegido ao longo do Volga e em toda a profundidade de suas posições – profundidade que variava, é verdade, de 500 m a 2 km no final de setembro. Em fins de outubro, as quatro cabeças de ponte russas estavam ainda menores; ainda que aquelas relativamente menos importantes do ponto de vista estratégico ainda tivessem uma profundidade de 0,5 a 1 km, a principal e essencial cabeça de ponte mediana, com 9 km, que presenciou os combates mais encarniçados de toda a guerra, não passava de 200 m a 1 km – a profundidade habitual geralmente não excedia 400 m a 500 m entre o rio e a linha de frente.

As consequências das três aberturas alemãs no Volga ao final da ofensiva de outubro foram menores, entretanto, do que se tivessem ocorrido antes. Expostos a um fogo devastador que vinha da margem oposta do Volga defendida pelos russos, esses bolsões alemães no rio, isolados, eram conquistas de interesse estratégico discutível, na realidade, mas constituíam um incômodo inegável para os russos, pois tornavam mais difíceis as comunicações entre as quatro cabeças de ponte.

De quantos homens os russos dispunham dentro de Stalingrado? Frequentemente o exterior se perguntou sobre isso e levantou diversas hipóteses. Agora que se trata de "história antiga", pode-se revelar, a partir das informações do general Talansky, que em outubro de 1942, no pior da Batalha de Stalingrado, as cabeças de ponte russas eram defendidas por apenas 40 mil a 45 mil combatentes.

Embora seja verdade que, em agosto e setembro de 1942, o alto-comando soviético, preocupado em concentrar uma poderosa força de ataque, não podia nem queria enviar um grande número de tropas novas a Stalingrado, mais tarde passou a ser literalmente impossível mandar forças suplementares à cidade. As principais tropas que chegaram a Stalingrado entre 15 de setembro e o fim da batalha vinham apenas cobrir as perdas. É fato que sua qualidade ia melhorando. Antes de 15 de setembro, restavam apenas os sobreviventes de sete ou oito divisões que, durante várias semanas de combates ininterruptos, haviam sofrido muitas perdas. Os efetivos das tropas de combate alcançavam 35 a 40 mil homens. Esse número, com a chegada da divisão Rodimtsev e, posteriormente, de outras divisões de elite como a de Ludnikov e Gurtiev, despachadas para lá entre o final de setembro e o início de outubro, nunca foi muito superior, considerando a grande quantidade de mortos e feridos. Em novembro, o número total de combatentes em Stalingrado declinou, pois os reforços não conseguiam cobrir as perdas. Porém, como a zona a ser defendida se reduzia a todo o tempo, a concentração de combatentes e o poder de fogo aumentaram proporcionalmente. Devemos, no entanto, fazer um esclarecimento: enquanto o número de combatentes no interior da cidade permanecia mais ou menos estável, ele aumentou bastante na segunda metade de setembro e outubro do outro lado do Volga, ao mesmo tempo que a artilharia se reforçava com novos canhões e *katyushas*. Ademais, milhares de homens trabalhavam para organizar e proteger o abastecimento de armas e munições em condições de transporte particularmente perigosas.

É possível avaliar a intensidade e, por assim dizer, a permanência dos assaltos alemães pelos seguintes dados: do final de agosto até 19 de novembro, os alemães lançaram quatro ofensivas gerais que se estenderam por vários meses, mobilizando não menos de 10 divisões que atacavam simultaneamente e eram sustentadas por 400 a 500 blindados; mais de 50 assaltos envolvendo 2 ou 3 divisões apoiadas por 200 tanques; no mínimo, o mesmo número de assaltos feitos por uma divisão sustentada por 60 a 70 blindados; mais de 120 ataques com ao menos um regimento, sem contar uma quantidade incalculável de escaramuças.

No decorrer desses combates pela tomada da cidade, os alemães lançaram contra as posições russas dezenas de milhares de toneladas de obuses, e a Luftwaffe, em mais de cem mil saídas, lançou aproximadamente cem mil toneladas de bombas sobre Stalingrado e sobre as tropas russas que tentavam atravessar o rio.

Zamiatin acrescenta que, até 19 de novembro, a artilharia russa tirou de combate dentro de Stalingrado cerca de 36 mil soldados e oficiais inimigos, destruiu 420 blindados, mil caminhões e 24 baterias. Ao todo, de setembro a novembro de 1942, segundo suas estimativas, pelo menos 59 mil soldados alemães foram mortos. Além disso, os alemães perderam 525 tanques, mais de 4 mil metralhadoras, 282 canhões etc.

Ainda assim, esses números parecem muito modestos se considerarmos as perdas espetaculares que os alemães sofreram na etapa seguinte, quando foram cercados. Tudo leva a crer que as perdas russas foram bem maiores no período de agosto a novembro, e que o balanço foi particularmente pesado no mês de agosto e na primeira quinzena de setembro, antes que os russos se protegessem corretamente – sobretudo dos ataques aéreos –, cavando trincheiras. Foi também pesado no decorrer da investida alemã de 14 de setembro e do contra-ataque russo do dia seguinte, assim como durante a formidável ofensiva alemã de outubro, que encontrou grande resistência do lado russo, principalmente nos arredores e dentro das fábricas Outubro Vermelho. Mais tarde, durante a "liquidação" dos alemães cercados em Stalingrado, o número de vítimas se inverteu: como Stalin afirmaria depois, na fase final da Batalha de Stalingrado, contaram-se mais de 46 mil mortos do lado russo e 147 mil do lado alemão.

Nos primeiros tempos, os bombardeios intensivos dos alemães – em especial sobre o Volga – causaram enormes perdas aos russos. Para ilustrar a intensidade e o horror da batalha, e a impressão indelével que ela deixou nas mentes alemãs, Zamiatin cita o seguinte artigo publicado em novembro de 1942 no *Berliner Börsenzeitung*:

> A batalha atual de Stalingrado, cujos resultados terão consequências mundiais, assumiu as proporções de um confronto colossal e decisivo. Os protagonistas captam apenas alguns detalhes horríveis, mas não podem perceber todo o alcance dessa batalha nem saber como ela terminará [...]. Os que sobreviverem ao preço de um derradeiro impulso de todo seu ser conservarão a

imagem desse inferno para sempre, como se sua consciência tivesse sido marcada por ferro quente [...]. Será somente bem mais tarde que se terá a verdadeira noção de todo o horror desse confronto sem precedentes com seus combates de rua. Nunca, em toda a história das guerras, se viu tal concentração de armas em um espaço tão pequeno e por tanto tempo. Nunca antes uma cidade havia resistido tanto até a última pedra. Paris e Bruxelas capitularam. Até mesmo Varsóvia aceitou capitular. Mas, nessa batalha, apesar de nossa superioridade numérica, até agora não conseguimos alcançar o resultado almejado.

Os contra-ataques russos, em particular nas últimas fases da Batalha de Stalingrado, quando era especialmente vital cercar as forças alemãs dentro da cidade, são outra faceta desse confronto. No final do mês de outubro, quando a ofensiva alemã já havia fracassado em grande parte, ficou difícil dizer quem atacava e quem se defendia, como ressalta Zamiatin. Lembrando o papel da artilharia russa, ele escreve:

> Nossa artilharia e as *katyushas* tiveram um papel excepcionalmente importante na defesa de Stalingrado. A artilharia de pequeno e médio calibre era utilizada por nossa infantaria para conter os tanques e a infantaria alemã. Os postos de observação se encontravam no interior da linha de frente e, desse modo, grande parte de nossa artilharia na outra margem do Volga podia atirar, com precisão e eficácia máximas, e concentrar um poder de fogo de mais de cem peças por quilômetro de *front* contra os setores decisivos.

Zamiatin cita uma mensagem interceptada e escrita por um oficial superior alemão em fins de setembro: "Na margem leste, os russos concentraram repentinamente quantidades enormes de artilharia pesada, o que vai sem dúvida retardar a tomada final da cidade".

Ao mesmo tempo, é consenso considerar que Stalingrado permaneceu em perigo até 19 de novembro. A margem de segurança dos russos era ínfima; é verdade que, hoje em dia, os especialistas militares afirmam que qualquer tentativa alemã para tomar a cidade teria sido provavelmente rechaçada; os russos teriam despachado reforços em caso de absoluta necessidade. Mas, na época, as coisas não pareciam tão evidentes. Em todo caso, em meados de setembro – quando pouquíssimos reforços estavam disponíveis – e depois, na metade de outubro, a situação ainda era muito perigosa.

Contudo, a defesa de Stalingrado, por mais impressionante que tenha sido, constituía apenas uma fração de uma batalha de envergadura muito maior, cujos aspectos diversos devem ser considerados.

Os efeitos das manobras preparatórias à grande ofensiva russa de novembro começaram a se fazer sentir, até mesmo em Stalingrado, no final do mês de outubro. Na realidade, as primeiras discussões sobre a contraofensiva de novembro haviam iniciado no alto-comando soviético antes mesmo que os alemães tivessem alcançado Stalingrado. Pode-se avaliar o gigantismo desses preparativos por meio de outros dados, muito eloquentes. Em 19 de novembro, quando a ofensiva russa começou, a relação das forças no *front* como um todo, de Boguchar até o sul de Stalingrado, era a seguinte: infantaria: 1,2 para 1; artilharia: 1,5 para 1; blindados: 1,5 para 1; aviação: 1,5 para 1, todos a favor dos russos. E, se considerarmos a região do assalto principal – Kalach –, a superioridade russa era ainda maior: infantaria: 2 para 1; artilharia: 2,5 a 3 para 1; blindados: 2 para 1; aviação: 2 para 1, todos a favor dos russos.

Durante a investida, a concentração da artilharia russa ia de 70 canhões por quilômetro de *front* até 160/170; e até 200 canhões, e mesmo 300 em certos setores. Quanto à força blindada russa lançada na batalha, eis o que diz o general Talansky:

Eu jamais dispusera antes de uma força blindada dessa amplitude. Durante a ofensiva russa em Moscou, em dezembro de 1941, havíamos reunido, com dificuldade, 15 brigadas blindadas, ou seja, cerca de 750 tanques, ao passo que, em Stalingrado, atacamos com 5 divisões blindadas, 1.200 tanques. Os alemães nunca haviam visto tal quantidade de blindados.

Acrescento também, prossegue Talansky, que havíamos antecipado a tempo uma reação alemã sob a forma de uma ofensiva para tentar furar o cerco de Stalingrado. Nosso segundo exército de guarda – um corpo de novas tropas, cuidadosamente selecionadas e muito bem equipadas – estava especialmente encarregado de enfrentar toda tentativa alemã, como a de Von Manstein no setor de Kotelnikovo, em 20 de dezembro, ou como a outra tentativa de investida vinda do interior da curva do Don, mais a oeste.

Vários fatores devem ser considerados.

O plano para a ofensiva de novembro teve um papel muito importante no início, durante a fase defensiva da Batalha de Stalingrado. Não se tratava somente de salvar a cidade; era vital, do ponto de vista estratégico, enganar os alemães. Portanto, enviaram-se ao 62º Exército, protegido no interior da cidade, reforços suficientes apenas para manter os alemães encurralados. Uma das características dos combates na cidade era a seguinte: enquanto os alemães lançavam quase diariamente ataques pesados, os russos, por sua vez, perseguiam o inimigo noite e dia.

O segundo fator, de importância capital no contexto geral da Batalha de Stalingrado, até o dia 19 de novembro, foi o papel desempenhado pelo "setor noroeste de Stalingrado", conforme denominavam os comunicados. Na realidade, tratava-se de todo o setor que se estendia do Volga até as cercanias de Boguchar. Lembremos que, mesmo após sua retirada, os russos haviam conseguido manter várias cabeças de ponte no interior da curva do Don. Nesse local, os ataques russos e os contra-ataques alemães eram contínuos. O número de soldados envolvidos nesses combates variava bastante: de um ou dois batalhões até uma ou duas divisões. Esses ataques forçavam os alemães a ficarem sempre em alerta e os impediam de deslocar tropas dessa frente para Stalingrado. Para os russos, os ganhos eram reais, embora nunca fossem espetaculares. Algumas cabeças de ponte foram ampliadas e outras ganhas, sobretudo a importantíssima cabeça de ponte de Serafimovich, estabelecida na segunda metade de agosto, quando a situação era particularmente crítica em Stalingrado. Vatutin e Rokossovsky, que comandavam respectivamente o que se chamaria, em novembro, de "frente do sudoeste" (entre Boguchar e Kletskaya) e a "frente do Don" (entre Kletskaya e o norte de Stalingrado), lideraram esse tipo de operações locais até novembro. Os alemães sabiam que os russos concentravam forças importantes ao norte e ao sul de Stalingrado, mas somente em novembro eles começaram a se dar conta de que esses ataques, a noroeste de Stalingrado, não passavam de um prelúdio do que os russos estavam preparando. Embora imaginassem que talvez essa guerra ativa de posições continuasse durante todo o inverno, e até se intensificasse, os alemães não haviam considerado a possibilidade de uma contraofensiva geral.

Em terceiro lugar, era essencial conservar uma força importante e ativa ao longo dessa frente para impedir qualquer tentativa alemã de avançar na direção de Tambov ou de Saratov, mesmo que a eventualidade de uma manobra como essa fosse pouco provável, já que todos os esforços alemães se concentravam em Stalingrado. Os russos precisavam convencê-los de que essa frente tinha uma defesa forte – o que era verdade –, mas que nunca começariam uma grande ofensiva a partir dali.

Nesse momento, nem a população civil nem mesmo os combatentes na cidade imaginavam o que realmente significavam esses "combates a noroeste de Stalingrado", que pareciam não ter grande valia, mas eram um desperdício de energia. Chegaram até mesmo a provocar reclamações na tropa da cidade: uma parte dos aviões, dos tanques e dos homens envolvidos na frente noroeste teria sido mais eficaz ali mesmo.

Lembro-me que, em Moscou, as pessoas liam os comunicados de imprensa que relatavam os combates a "noroeste de Stalingrado", mas sem dar muita atenção a isso. Nada sugeria que esse *front* pudesse ter um grande papel estratégico. O que importava, é claro, era não chamar a atenção – sobretudo do inimigo – para esse setor insignificante da frente, de onde logo iria ser lançada a contraofensiva russa definitiva.

Falava-se ainda menos da frente sul do bolsão de Stalingrado, que adentrava as monótonas estepes calmucas, onde parecia se desenrolar uma simples guerra de posições; as tropas romenas que se ocupavam desse setor podiam dormir tranquilas.

Com certeza, agora tudo está claro e cada acontecimento se encaixa perfeitamente no seu lugar. Naquela época, porém, havia muitas incertezas e terríveis ameaças.

Afinal de contas, tudo dependia de Stalingrado, em especial enquanto as unidades russas vindas como reforço ainda não estivessem plenamente operacionais. Uma vez pronto o dispositivo da contraofensiva, os alemães precisavam cair na armadilha em Stalingrado, e a operação se desenrolaria onde o inimigo estivesse concentrado. O perigo real, em novembro de 1942, seria se os alemães batessem em retirada de modo organizado, por exemplo, até Rostov. Felizmente para os russos, as questões de honra e a tendência a subestimar as forças do adversário os impediram de tomar essa sábia decisão. Mesmo após o cerco de suas tropas, eles ainda continuavam acreditando numa ajuda externa. Se o cerco tivesse sido rompido, eles certamente teriam tentado conservar Stalingrado.

Em outubro, o perigo maior era que Stalingrado caísse nas mãos do inimigo ou que os alemães deslocassem suas forças armadas de Stalingrado e tentassem furar a linha mantida por Rokossovsky e

Vatutin na direção de Tambov ou Sarativ. Felizmente, essa segunda hipótese não se concretizou, pois eles estavam muito determinados a tomar Stalingrado. Se a cidade tivesse caído em agosto – ou mesmo em setembro, antes que as novas unidades russas estivessem operacionais –, as consequências poderiam ter sido catastróficas. Os alemães teriam provavelmente tentado uma investida no norte e com certeza teriam êxito, mesmo parcial. Mas a cidade resistiu.

Outro aspecto importante dos combates em Stalingrado é o que Talansky chama de "aspecto profissional e psicológico da Batalha de Stalingrado".

> Nossas perdas, explica o general Talansky, foram consideráveis, principalmente nas primeiras fases da Batalha de Stalingrado. E muito mais pesadas do que as do inimigo. Mais tarde, depois de estarmos bem protegidos em Stalingrado, as perdas do lado alemão começaram a superar em muito as nossas – e não falo da fase do cerco do exército alemão, durante a qual eles perderam um número excepcional de homens.
> Porém, durante essa primeira fase da batalha, os soldados que não pereceram adquiriram uma formidável experiência do combate corpo a corpo, casa por casa, prédio por prédio. Com tal experiência, dois ou três homens aguerridos valiam uma seção inteira. Eles conheciam cada canalização, cada boca de lobo, cada buraco de obus, cada cratera deixada pelas bombas dentro e ao redor das ruínas do prédio onde estavam entrincheirados. Eles conheciam cada monte de tijolos que podia servir de abrigo. No meio dos escombros que nenhum tanque podia ultrapassar, um homem sentado numa boca de lobo, numa cratera ou buraco no assoalho ficava à espreita e, graças a um simples periscópio, podia direcionar sua arma antitanque a um blindado alemão ao alcance do tiro. E os bombardeios iam criando novos abrigos.

No inferno dessa guerra de posições, o núcleo dos combatentes aguerridos sobreviveu na maioria das vezes. Em contrapartida, os recém-chegados, lançados inexperientes na batalha, não tinham muitas chances de sobreviver.

A maior parte das divisões de elite que chegou depois e que lutou os combates mais mortais, sobretudo em outubro de 1942, aguentou além do que se podia imaginar. Muitos desses homens, especialmente treinados, vinham da Sibéria, tinham nervos de aço e, além disso, haviam mobilizado todos os recursos de sua inteligência para sobreviver. Cada um deles valia, moralmente falando – sem contar a experiência de combate –, por dez ou vinte homens "comuns".

Os atiradores de elite também tiveram um papel importante, infligindo grandes perdas aos alemães e atacando sem pausa. Ademais, os defensores de Stalingrado faziam uma pressão permanente sobre o inimigo, multiplicando as escaramuças. Raramente davam um momento de repouso aos adversários. Em outubro e, mais ainda, em novembro, ficou difícil dizer quem atacava realmente – os alemães ou nós. Toda a cidade de Stalingrado parecia um caldeirão fervendo. Geralmente, éramos nós que tomávamos a iniciativa das escaramuças; as grandes ofensivas, em compensação, vinham dos alemães.

A metade de outubro foi, sem nenhuma dúvida, o período mais duro para nós. Entretanto, pelo final do mês, ainda que os alemães dessem sinais de esgotamento, surgiu uma nova fonte de preocupação, muito séria: o Volga estava demorando para congelar, o que causava o problema crítico do abastecimento de víveres e munições. Os alemães tinham pleno conhecimento de nossas dificuldades e tentaram então uma última cartada, desencadeando um derradeiro assalto. Mas logo que uma fina película de gelo cobriu o rio, nossos homens subiram no gelo e começaram a puxar pequenos trenós carregados de víveres e munições. No último minuto, Stalingrado era novamente salva. Teria sido verdadeiramente trágico se, após repelir por tanto tempo os assaltos repetidos do inimigo, tivéssemos perdido a cidade justo porque o Volga não tinha congelado a tempo.

A árdua tarefa de reabastecer Stalingrado nessas condições continuou algum tempo ainda após o início da contraofensiva, em 19 de novembro.

Essas são, conclui o general Talansky, algumas considerações globais sobre a Batalha de Stalingrado. Poderíamos fazer muitas outras, mas por enquanto mencionarei apenas uma: Stalingrado havia se tornado uma escola formidável para os soldados do Exército Vermelho que tinham sobrevivido a esse inferno e para aqueles com quem esses sobreviventes compartilhariam esse conhecimento. Os alemães foram privados dessa experiência. De fato, todos os seus combatentes que participaram da Batalha de Stalingrado – à exceção de alguns afortunados que se encontravam de licença quando o cerco se fechou – não teriam nunca mais a oportunidade de lutar: ou tinham perecido ou sido feitos prisioneiros.
Ao longo dos anos 1943, 1944 e 1945, os nomes dos homens que haviam conquistado a glória em Stalingrado voltaram ao palco em várias ocasiões. A expressão "combateu-se de Stalingrado a Berlim" não é, com certeza, uma fórmula vazia. Um grande número de combatentes de Stalingrado pereceu na rota de Berlim – como Gurtiev, comandante do célebre regimento dos guardas siberianos, que foi enterrado, com todas as honras militares, na praça principal de Orel, no dia seguinte à libertação da cidade, em abril de 1943. Mas outros chegaram até Berlim. Dentre eles – seria um acaso? –, aqueles que haviam sobrevivido aos combates mais encarniçados de

Stalingrado. Como as unidades lideradas pelo general Tchuikov, comandante do 62º Exército em Stalingrado, que participaram, durante um mês, da terrível batalha de Poznan, que culminou com a tomada da cidadela, em 23 de fevereiro de 1945. Como haviam feito no inferno de Stalingrado antes de partir ao assalto da colina Mamayev, esses homens travaram aqui combates de rua, casa por casa. O general Tchuikov teve sua hora de glória por ocasião da tomada triunfal de Berlim.

Para me ajudar a compreender como os soldados conseguiram suportar esse inferno, um dos correspondentes de guerra soviéticos que cobriu toda a Batalha de Stalingrado abriu meus olhos para um aspecto pouco conhecido. Quando se fala da "heroica defesa de Stalingrado", geralmente não se aborda um tema tão pouco heroico quanto a vodca, mas ela desempenhou um papel importante para manter o moral das tropas. Sabe-se que os alemães, assim como os russos – e como os soldados de todos os exércitos do mundo –, consomem álcool para ter coragem nos momentos difíceis.

No inferno ensurdecedor da fuzilaria, poucos soldados teriam aguentado sem álcool. No exército russo, a dose diária era de cem gramas – e de duzentos antes de ir para o *front*. Os motoristas dos tanques recebiam doses ainda maiores. Os pilotos não recebiam a dose antes de partir, mas depois de terminada a jornada de combate. O abastecimento em vodca era quase ilimitado, e o consumo diário de um quarto, podendo até mesmo chegar a meio litro, era muito comum entre os soldados. Já os oficiais em geral bebiam conhaque, que não é um álcool soporífico. Em Stalingrado e em outras frentes – principalmente durante a Batalha de Berlim –, os oficiais superiores e os generais conseguiram ficar acordados seis ou sete dias a fio graças a um grande consumo de conhaque. Pode-se avaliar a importância do álcool durante a Batalha de Stalingrado pela ordem de prioridade dada ao abastecimento ao termo de uma travessia particularmente difícil e perigosa do Volga: em primeiro lugar, as armas e as munições; em segundo, as caixas de vodca; os víveres vinham apenas em terceiro lugar.

Uma decisão de Stalin teve também um impacto psicológico importante. No momento da investida alemã das estepes do Don até Stalingrado, as autoridades soviéticas locais haviam começado a evacuar rapidamente o equipamento das grandes fábricas da cidade – Outubro Vermelho, a fábrica dos tratores, as Barrikadi e outras. Em 23 de agosto, dia do primeiro grande bombardeio da cidade, Stalin telefonou pessoalmente ao secretário regional do Partido: "Você tem pressa de evacuar? Suspenda imediatamente a evacuação. Temos de manter Stalingrado a qualquer preço! Os soldados combaterão com mais convicção para conservar uma cidade cujas infraestruturas econômicas e industriais estão funcionando do que uma cidade fantasma. Mesmo que isso nos custe meia dúzia de fábricas, vale a pena".

Embora tenham sido duramente atingidas, as fábricas de Stalingrado continuaram a funcionar em ritmo mais lento até que os operários entrassem para os batalhões de trabalho ou para as unidades combatentes. Tudo isso teve um efeito positivo sobre o moral das tropas: mesmo em ruínas, Stalingrado não era uma cidade evacuada, mais uma cidade viva. Psicologicamente, era muito importante para os soldados saber que, durante várias semanas, enquanto a batalha causava devastação, a fábrica de tratores não se contentava em consertar tanques, mas continuava a produzi-los.

Desse modo, segundo Mikhail Vologadin, secretário do comitê regional do Partido Comunista de Stalingrado, a fábrica de tratores da cidade conseguiu produzir, em setembro de 1942, 150 veículos blindados e não menos de 200 tanques apesar dos bombardeios incessantes do inimigo.

Notas

[1] Andrei Talansky (1900-1971), general soviético que participou da Batalha de Stalingrado.
[2] Mikhail Galaktionov (1893-1948), general soviético, chefe da redação do jornal militar *Krasnaia zvezda* (A Estrela Vermelha) e, a partir de 1944, do Departamento militar da redação do *Pravda*. Autor de várias obras de história militar sobre a Primeira Guerra Mundial na linha de frente ocidental.
[3] Gueorgui Jukov (1896-1974), marechal soviético. Sua carreira militar começou na breve campanha contra o Japão (agosto de 1939), com a vitória de Halkin Gol. Promovido a general de exército em junho de 1940, comandará, no final da Segunda Guerra, a ofensiva final das tropas soviéticas contra Berlim. Imensamente popular, o "vencedor de Berlim" sofre a perseguição de Stalin (1946). No período Kruschev, ocupa o posto de ministro da Defesa da URSS (1955-1957).
[4] Alexandre Vasilevsky (1895-1977), general de exército e, depois, marechal (1943). Entre o final de 1942 e o início de 1943, coordena a contraofensiva soviética de cerco aos exércitos alemães em Stalingrado. Em 1944, comanda a 3ª frente bielo-russa e, no verão europeu de 1945, as tropas soviéticas do Extremo Oriente contra o Japão. De 1949 a 1953, é ministro da defesa da URSS.
[5] Nikolai Voronov (1899-1968), general de exército, responsável pela artilharia do Exército Vermelho a partir de 1937. Participa das campanhas da Polônia (1939) e da Finlândia (1940). É promovido a marechal de artilharia em 1944.
[6] Andrei Yeremenko (1892-1970), general de cavalaria, comandante de frente de Briansk (primavera europeia de 1942), da frente sudeste (a partir de agosto de 1942), participa ativamente da Batalha de Stalingrado. É promovido a marechal da URSS em 1955.
[7] Nicolai Vatutin (1901-1944), general de exército, comandante da frente noroeste (junho de 1941-maio de 1942) e da frente sudoeste a partir de outubro de 1942. Participa das campanhas de Voronej, Kursk e Belgorod em 1943-início de 1944; ferido em Kiev, morre em 15 de abril de 1944.
[8] Konstantin Rokossovsky (1896-1968), general soviético de origem polonesa. Vítima dos expurgos do Exército Vermelho em 1937, fica preso por três anos e é reintegrado no exército em 1940. Comanda o 4º Exército na frente oeste no verão europeu de 1941. É comandante da frente de Briansk no verão seguinte e da frente do Don a partir de setembro de 1942. Por essa razão, dirige, com Yeremenko e Vatutin, as operações de cerco do exército alemão em Stalingrado. Em 1943, participa da Batalha de Kursk; a partir de outubro desse ano, comanda a 1ª frente bielo-russa. Em 1944, lidera, com Jukov e Vassilievski, a Operação Bagration, que leva à libertação da Bielo-Rússia. Promovido a marechal da URSS em junho de 1944, torna-se ministro da defesa da Polônia de 1949 a 1956.
[9] Vassily Tchuikov (1900-1982), general soviético. Em 1939-1940, participa das campanhas da Polônia e da Finlândia. Nomeado, em setembro de 1942, comandante do 62º Exército que defende Stalingrado, ele lidera, em 1943, o 8º Exército. Participa das campanhas vitoriosas de Bielo-Rússia, Polônia (1944) e Berlim (abril-maio 1945). Promovido a marechal da URSS em 1946, comanda (1948-1953) a zona de ocupação soviética na Alemanha.
[10] Rodion Malinovsky (1898-1967), general de infantaria soviético quando a URSS entra em guerra, comanda no final de 1941 a meados de 1942 a frente sul, e sofre a derrota esmagadora de Kharkov (maio-junho de 1942). Durante a Batalha de Stalingrado, participa, no comando do 2º Exército da guarda, da vitória sobre a contraofensiva do general alemão Von Manstein. A partir de fevereiro de 1943, novamente lidera a frente sul e, de outubro desse ano, a 3ª frente ucraniana. Promovido em setembro de 1944 a marechal da URSS, toma Budapeste e Viena, comandando as tropas soviéticas da Frente Sul. Chefe das forças armadas soviéticas do Extremo Oriente de 1946 a 1957, ministro da Defesa da URSS de 1957 a 1967.

A Batalha de Stalingrado se inicia

Ao final do mês de agosto, tornou-se extremamente difícil perceber, pelos jornais, o que se passava em Stalingrado. Não eram mencionados os terríveis bombardeios que a cidade havia sofrido em 23 de agosto e nos dias seguintes. Poucos moscovitas sabiam, por exemplo, que toda a cidade de Stalingrado estava em chamas; tampouco se aludia ao fato alarmante de que os alemães já haviam alcançado o Volga ao norte da cidade. Porém, uma coisa era clara: uma formidável batalha acabava de começar, e Stalingrado não havia sido tomada pelo inimigo.

No entanto, parecia que os alemães tinham uma nítida vantagem. Fora isso, todo o resto era muito impreciso. Até o final de setembro, os comunicados fizeram referência a combates "no setor de Stalingrado" ou "fora de Stalingrado" ou "a oeste, a noroeste, ao norte, ao sul" da cidade. Posteriormente, falariam da "região de Stalingrado".

Em 31 de agosto, o *Pravda*, em um artigo de primeira página, relatava:

> Já faz vários dias que o noroeste de Stalingrado é palco de ferozes combates contra o inimigo, que atravessou o Don. Nossas tropas interromperam o avanço dos tanques e da infantaria motorizada do inimigo, que sofreu pesadas baixas. Deste lado do Don, os alemães só podem ser reabastecidos por via aérea.

Nessa noite, o comunicado das Forças Armadas anunciava: "Não houve mudanças importantes neste setor do *front*". No entanto, indicava que os alemães progrediam também "a nordeste de Kotelnikovo". Uma amostra da atmosfera dos combates travados nas estepes ao sul de Stalingrado transparecia no artigo do *Pravda* em 31 de agosto:

> O calor é insuportável. Os lábios dos nossos soldados estão todos rachados. Como o calor de um forno, o vento ardente das estepes sopra em nossas trincheiras. Não esfria à noite. Nos abrigos, as velas se derretem [...]. Água! Há uma falta cruel de água nas estepes. Os raros rios estão todos secos. Os habitantes mais idosos do entorno não têm lembranças de uma onda de calor igual. Nossos soldados têm reserva de água para dois dias em seus cantis. Na estepe e no ar que paira sobre ela, ao longo do Don e do Volga, a batalha é feroz. As estepes ardem, incendiadas pelas bombas lançadas dos aviões e pelas aeronaves que se chocam e queimam imediatamente, bem como pelos obuses e minas. As chamas se estendem até os limites das trincheiras. A estepe se tornou negra como a asa de um corvo. A fumaça dos incêndios e a poeira levantada pelos tanques que rasgam a estepe sobem ao céu em forma de nuvens enormes [...].

As mais variadas unidades, explica o *Pravda*, participavam do combate, como tropas de fuzileiros navais que apareciam do nada.

> A batalha, com seus ataques e contra-ataques, é travada há três dias. Os alemães lançam seus tanques e sua cavalaria contra nossa infantaria naval. Em quarenta minutos, a companhia comandada pelo tenente Tropin contra-ataca duas vezes. Porém, enfrenta um inimigo muito superior em número. Poucos homens da companhia sobreviveram.

Quando os alemães lançaram o nono assalto, os russos contra-atacaram com baionetas:

> Agora, os nazistas são obrigados a recuar. Zaietsky, à frente de sua unidade de infantaria naval, avança com canhões, enquanto, no flanco esquerdo, outra companhia ataca com baionetas. Como um furacão, o fogo de nossas metralhadoras repele os alemães no centro. O nono assalto é rechaçado, e o inimigo, barrado.

Havia somente um poço nessa porção da estepe. Na continuação do artigo do *Pravda*, lia-se que "a falta de água afetava os alemães e os russos da mesma maneira"; seguia uma descrição dos combates pelo controle desse recurso vital. Os alemães enviavam blindados à noite para retirar água do poço, mas, ao fazê-lo, as tripulações dos tanques se expunham e ficavam vulneráveis.

Em seguida, o artigo descrevia uma batalha de blindados na estepe. Todo o texto dava a entender que os combates eram acirrados, que os russos impunham uma fortíssima resistência, mas que, entretanto, eram pouco a pouco empurrados em direção a Stalingrado.

O comunicado militar de 1º de setembro mencionava "violentos combates a noroeste e a sudoeste de Stalingrado" e "intensas escaramuças defensivas" no mesmo setor. Nesse ponto, também registrava "grandes concentrações de blindados inimigos que haviam penetrado em nossas linhas de defesa". A batalha para aniquilá-los continuava. Em outro setor, era possível ler: "De acordo com os planos do Comando, nossas tropas recorreram a uma nova linha de defesa".

Em 3 de setembro, o comunicado militar também relatava intensos combates contra "concentrações de blindados e unidades de infantaria inimigas que haviam penetrado profundamente em nossas linhas de defesa [...]. Em um único setor, os alemães lançaram 150 tanques contra nossas tropas. Trinta foram destruídos, mas os outros conseguiram passar. Nossas unidades se retiraram para uma outra posição".

No dia seguinte, o comunicado militar anunciava que, a sudoeste de Stalingrado, o avanço inimigo havia sido "barrado". Porém, em 6 de setembro, a imprensa citava novamente "uma forte pressão inimiga a sudoeste de Stalingrado", mas dizia que os russos haviam progredido a noroeste. Em um lugar designado pela letra G, os soldados russos haviam "destruído seis tanques alemães". Destacava-se, sobretudo, a "esmagadora superioridade do inimigo nos céus".

Entre 7 e 11 de setembro, os comunicados assinalaram ataques alemães de grande porte na região de Stalingrado e reconheceram "retiradas".

Durante a primeira quinzena de setembro, a imprensa continuou comentando a evolução da situação militar em Stalingrado com grande nervosismo. De modo significativo, até 20 de setembro, jamais empregou a expressão "heroica Stalingrado".

Em 8 de setembro, o editorial do *Estrela Vermelha* afirmava:

> Os alemães dão provas de uma formidável determinação para alcançar seu objetivo. Sem contar suas perdas, não param de lançar ao massacre um número cada vez maior de divisões. Estão decididos a acabar com nossa determinação. Foram lon-

ge demais para poder recuar. O exército alemão não passa de um monte de bandidos, unidos por seus crimes e pelo medo do castigo. A insolência com a qual o soldado alemão lança a ofensiva é a do desespero. Em criminologia, fala-se de "indivíduo disposto a tudo". Os alemães são capazes de travar os combates mais desesperados, pois não têm nada a perder. O que os aguarda é apenas um castigo terrível e mais nada. Eles causaram demasiado sofrimento à Humanidade e criaram muita raiva e ódio em dezenas de milhões de pessoas [...]. Os alemães devem ser exterminados até o último homem. É a única saída possível.

A FASE DEFENSIVA DA BATALHA, SET.-NOV. DE 1942

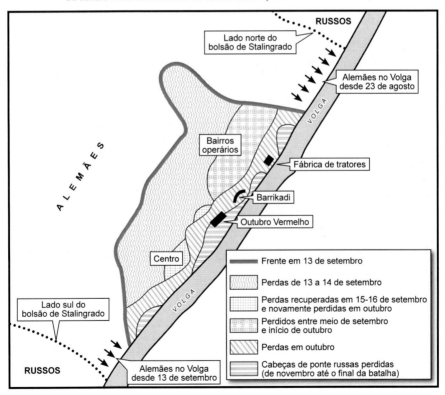

Ehrenburg[1] também expressou a convicção de que os russos estavam lidando com um inimigo mais forte do que eles em seu artigo sobre Stalingrado, datado de 10 de setembro:

> Stalingrado representa uma ameaça para o flanco alemão. Stalingrado protege Grozny e Baku [...]. Ontem, após semanas de calor sufocante, choveu pela primeira vez na cidade. Isso lembrou o calendário aos alemães [...]. Outro dia, a revista *Deutsche Rundschau* falou das fortificações de Stalingrado, do fanatismo asiático das massas russas. Lia-se: "Nossos rostos estão cinza de sujeira, e a poeira cobre as rugas encavadas nas batalhas do verão. Combatemos até o limite da resistência humana". Não, Stalingrado não é uma fortaleza, Stalingrado é apenas uma cidade; mas uma cidade defendida por homens corajosos pode efetivamente se transformar em uma fortaleza. O jornalista alemão se engana quando fala da "superação de si". Os alemães não tomarão Stalingrado pela coragem, mas unicamente por sua superioridade numérica. Esmagaram Stalingrado com todo seu peso e o peso de seus vassalos. Não foram seres humanos com forças decuplicadas que avançaram sobre Stalingrado, mas tanques, aviões, máquinas e escravos.

O editorial do *Estrela Vermelha* de 11 de setembro é igualmente alarmista:

> Combates ferozes são travados a oeste e a sudoeste de Stalingrado. A cidade está em perigo [...]. Apreendemos documentos em que Hitler ordena que suas tropas tomem imediatamente a cidade a qualquer preço. Durante os últimos dias, os alemães avançaram muito. Ao longo da frente de Stalingrado, travam-se combates de uma violência sem precedentes [...]. Porém, Stalingrado está aguentando. Parece claramente que o

plano alemão consistia em tomar Stalingrado em um único assalto que teria vencido os defensores da cidade. Contudo, ocorreu o contrário. As unidades nazistas se arrastaram até Stalingrado. Elas estão exaustas e devem agora realizar a tarefa mais desgastante: cercar a cidade. Mas ainda que, em alguns pontos, eles tenham sido expulsos dos lugares onde ameaçavam diretamente nossas linhas de defesa, sua pressão sobre Stalingrado permanece mais forte do que nunca. Com um grande reforço de aviões, estão decididos a fazer com que a cidade caia rapidamente.

Os defensores da Verdun soviética devem multiplicar suas forças e sua determinação e impedir o avanço alemão. Eles não têm escolha, assim como os heroicos defensores de Tsaritsyn[2] também não tinham. Tsaritsyn estava à beira do colapso quando Stalin ordenou a todos os barcos que subiam, desciam ou atravessavam o Volga que voltassem ao norte [...]. Hoje, o soldado soviético precisa, com os dentes cerrados, esquecer tudo, exceto seu dever para com seu país, e lutar até o último suspiro contra o inimigo.

De modo significativo, uma nota ameaçadora concluía esse apelo aos "defensores de Stalingrado":

> Infeliz daquele que, neste momento histórico, não encontra em si a coragem para enfrentar o perigo; aquele que, tremendo para salvar sua pele, está pronto a trair seus camaradas e desonrar a bandeira. Com esses miseráveis, devemos nos comportar como os defensores de Tsaritsyn: "Um rápido processo em corte marcial e a morte para todo covarde e todo traidor". Não podemos tolerar que os filhos corajosos de nossa República operária e camponesa morram como heróis enquanto outros traem nossa Grande Causa.

Nessa etapa da Batalha de Stalingrado, Konstantin Simonov faz uma distinção interessante, em seu artigo publicado no *Estrela Vermelha* de 11 de setembro, entre a "glória coletiva do exército" e a "glória individual do soldado": "Aqui em Stalingrado, lutamos e resistimos ao preço de nossas vidas. Hoje, resistimos, mas ainda não somos vitoriosos. Entretanto, todo dia, aqui e ali, simples soldados realizam atos heroicos".

No mesmo dia, o *Pravda* lança um alerta como se antevisse novas vitórias alemãs e a possibilidade de outra grande ofensiva do inimigo. Seguramente, os russos não haviam esquecido que, uma semana antes, no dia 5 de setembro, os alemães tentaram lançar um bombardeio aéreo sobre Moscou com 70 bombardeiros. Nenhum deles conseguiu atravessar as defesas antiaéreas, e 11 aviões foram abatidos. Entretanto, predominava um grande nervosismo, não apenas por causa de Stalingrado, mas também pela situação militar em geral. "A situação em Stalingrado e em Mozdok", escreve o *Pravda*, "continua tensa". Os combates são terríveis. Mais de mil aviões e centenas de tanques foram lançados para invadir a cidade".

Era verdade que os alemães estavam registrando enormes perdas. "Entre 1º e 31 de agosto, o Exército Vermelho aniquilou 73 divisões alemãs e deixou outras 21 fora de combate. Além disso, o inverno se aproxima". Porém, era exatamente por isso que a situação era muito grave.

"Os alemães têm pressa. Esperam resultados significativos de sua campanha militar de verão. No entanto, ainda que se apressem, fracassarão. Porém, na ausência de uma segunda frente, quase todas as forças alemãs podem ser lançadas contra o Exército Vermelho".

Mais do que nunca, o lema russo deveria ser "Lutar até o último homem" e "Nem um passo para trás!".

E, mesmo que antecipasse a possibilidade de um novo ataque alemão, talvez em outras direções, o *Pravda* prosseguia:

A Batalha de Stalingrado se inicia

Nas zonas próximas ao *front*, toda cidade e todo vilarejo deve se transformar em fortaleza. Não deve haver nenhuma complacência. Foram precisamente esses líderes locais sempre satisfeitos consigo mesmos que falharam em mobilizar os comunistas e os *komsomols** para reforçar as organizações de defesa, que geralmente entram em pânico quando as coisas se deterioram [...]. Em março de 1922, Lênin dizia: "Não há nada mais perigoso que uma retirada em meio ao pânico". Podemos dizer com certeza que o inimigo não teria penetrado tão fundo em nosso país se cada um tivesse lutado tanto quanto os defensores de Moscou, Sebastopol, Odessa, Tula e Leningrado.

A essa altura, Stalingrado ainda não era apresentada como um modelo. O futuro parecia muito incerto.

Naquele momento, a situação era, é verdade, muito séria. Os alemães acabavam de ser barrados em Mozdok, mas o avanço alemão em direção a Novorossisk continuava e, em 11 de setembro, os comunicados anunciaram a perda desse porto de importância estratégica após ferozes combates. O que restou da frota do mar Negro teve de buscar refúgio em Batumi e em outros portos de segunda categoria. Ao perder Novorossisk, a Rússia havia perdido sua última base naval importante no mar Negro.

Os russos também alimentavam dúvidas sobre a lealdade dos povos do Cáucaso. Ao se dirigir a eles, a imprensa soviética deixava transparecer uma clara apreensão. Organizaram-se reuniões "antifascistas" no Cáucaso e deu-se grande publicidade à causa soviética. Após a defecção dos tártaros da Crimeia,[3] os russos também não estavam muito seguros de poder contar com os povos do Cáucaso, na maioria muçulmanos. Portanto, fez-se um grande

---

* N.T.: Jovens pertencentes ao partido Comunista da União Soviética (PCUS).

alarde midiático em torno do "comício antifascista" organizado em Vladikavkaz no final de julho de 1942. Em 1º de setembro, o *Pravda* fez este apelo na primeira página:

> Montanheses do Cáucaso do Norte, cossacos do pacífico Don, do Kuban e do impetuoso Terek, povos da Calmúquia e de Stavropol, levantem-se para combater o invasor alemão! Que as planícies do Kuban e as colinas do Cáucaso se tornem o túmulo dos bandidos hitleristas!

Dois dias depois, em um artigo intitulado "A Constituição stalinista e os povos do Cáucaso", o *Pravda* escrevia em termos lisonjeiros: "Ontem, o Cáucaso – joia entre as nações – não passava de uma faísca. Hoje, porém, cintila com todo resplendor entre as constelações das culturas soviéticas".

No dia 6 de setembro, por ocasião de outra reunião "antifascista", realizada desta vez na Transcaucásia, o *Pravda* continuava no mesmo tom: "Povos da Transcaucásia! Para os alemães, vocês são apenas nativos. O monstro alemão quer cortar os exércitos caucasianos do resto do Exército Vermelho e as nações caucasianas do resto da grande família soviética".

A linha seguida pela propaganda soviética durante essas primeiras semanas da Batalha de Stalingrado era quase a mesma de antes – destacar o perigo que ameaçava a Rússia (ainda que em termos menos ruidosos do que em julho e início de agosto), expressar plena confiança na vitória final e atribuir as dificuldades encontradas pelo Exército Vermelho à ausência de uma segunda frente.

As referências à Rússia e à União Soviética estavam mescladas, como outrora, mas talvez se insistisse mais na temática propriamente soviética e, sobretudo, na defesa de Tsaritsyn – antigo nome de Stalingrado, durante a guerra civil contra os Brancos, comandada pelo próprio Stalin.

A Batalha de Stalingrado se inicia

Em 2 de setembro, Georgui Aleksandrov, um dos principais ideólogos do Comitê Central, assinou um artigo sobre o terceiro aniversário do início da Segunda Guerra Mundial: "Os povos apaixonados pela liberdade a caminho da vitória têm o destino em suas mãos. O importante, agora, é usar esses meios da melhor maneira [...]. Não há dúvida alguma de que o quarto ano de guerra será não somente o último, mas verá também a aniquilação do hitlerismo".

Saber se, no fundo, Aleksandrov alimentava dúvidas sobre essa afirmação é outra questão. Existem situações em que essas "profecias" são indispensáveis para levantar o moral. A frase pronunciada por Stalin em novembro de 1941 ("venceremos os alemães em seis meses ou, no mais tardar, em um ano"), quando o inimigo estava às portas de Moscou, supostamente tinha o mesmo efeito.

A natureza do hitlerismo e a ideia de que "essa guerra não era uma guerra comum" (como Stalin havia declarado no início do conflito) constituía também um tema essencial da propaganda soviética. Em 3 de setembro, Emelian Iaroslavski citou outra declaração monstruosa da propaganda nazista extraída de uma revista "científica", o *Zeitschrift für Politik*: "A existência de algumas nações, mesmo reduzidas à escravidão, continua constituindo um perigo para o *Herrenvolk*. A experiência histórica nos ensina que o extermínio total de uma nação estrangeira e de sua cultura não contradiz as leis da vida".

Entre os outros temas favoritos da propaganda soviética da época figurava a "segunda frente". Em geral, esse tema era desenvolvido a partir de excertos de jornais americanos e britânicos que abordavam essa questão. É verdade, no entanto, que, sob a pressão do governo, esse tema havia perdido muito de seu vigor na Grã-Bretanha. Alguns desses excertos, às vezes desenvolvidos em uma ou duas colunas, eram publicados com uma manchete explícita: "Chegou a hora de agir".

Mesmo que não se subestimasse a brutalidade da doutrina nazista nem a força e a violência das tropas alemãs, a fraqueza fundamental da ordem alemã na Europa e o caráter hesitante dos alemães em certas circunstâncias eram continuamente salientados. Por exemplo, Ehrenburg distinguia, em um artigo de 15 de setembro, entre os "bons" e os "maus" alemães: "Certamente, nesse exército, é possível encontrar alguns indivíduos que pensam e que ainda têm sensibilidade. Porém, não passam de um punhado entre milhões de brutos. São como joaninhas nas costas de um elefante louco. Não temos tempo nem chance de nos preocupar com joaninhas, devemos abater o elefante louco".

Embora o soldado alemão ainda fosse globalmente considerado um "louco furioso", em outras circunstâncias, o alemão era apresentado como um indivíduo fraco e frouxo. Ehrenburg (relutante em dar muito crédito à Força Aérea Real Britânica, reivindicava em vários artigos a criação de uma "segunda frente") não deixava de relatar, com certo contentamento, os efeitos produzidos pelos bombardeios da Força Aérea Real Britânica sobre as "fêmeas alemãs", que ficaram histéricas: "Essas fêmeas que aplaudiam freneticamente ao ver filmes sobre os bombardeios de Roterdã ou Belgrado agora gemem porque sua vez chegou".*

E um certo Ewald, mencionado pelo mesmo Ehrenburg, escreveu para um soldado alemão da frente oriental: "Como posso ainda lhe escrever enquanto somos subjugados sob uma chuva de bombas britânicas? Estamos tristes e deprimidos. Hans, já é hora de você finalizar no leste, para que, pelo menos, a Força Aérea Alemã possa voltar para nos defender. Afinal, se deixarmos os *tommies*** continuarem nos bombardeando como estão fazendo agora, em breve nada mais restará da nossa Alemanha".

No próprio *front*, notavam-se, entre as tropas alemãs, outros sinais de preocupação. No suplemento do comunicado de 6 de setembro, foram citadas estas observações de um prisioneiro alemão, Arnold Knöse:

---

* N. T.: A expressão pejorativa "femelle allemande" (fêmea alemã) era usada no período da guerra para se referir aos alemães, tanto homens quanto mulheres. A palavra fêmea tinha, então, o sentido de "ser inferior".

** N. T.: *Tommy* é o termo usado para se referir aos soldados britânicos nas duas guerras mundiais.

A Batalha de Stalingrado se inicia

> Estamos preocupados com o inverno que se aproxima. Nossos oficiais nos prometeram que a guerra terminaria bem antes. Nosso comandante em chefe informou que todas as forças alemãs estavam mobilizadas com o objetivo de concluir o mais rápido possível, para que não houvesse uma segunda campanha de inverno na Rússia. Nossos oficiais continuam fazendo promessas extravagantes. Por exemplo, o tenente-coronel Sächerer, da 56ª Divisão de Infantaria, nos prometeu montanhas de ouro e três escravos russos por alemão. Alguns se deixam levar por essa propaganda, mas a maioria diz: "Tudo o que queremos é poder voltar vivos para casa!".

No que se refere ao moral do soldado russo, tudo era feito para lhe inculcar a ideia de que o país inteiro, sua cidade natal e sua família esperavam que cumprisse seu dever patriótico. Desse ponto de vista, o artigo de um tal Lidin, intitulado "Seus parentes sabem como você luta", publicado no *Pravda*, é muito revelador.

> Pouco importa se sua cidade natal está próxima ou distante do *front*! Na sua casa, sempre saberão como você luta. Se você não escrever, seus camaradas ou o *politruk*[4] escreverão no seu lugar. Se a sua carta não chegar aos destinatários, eles terão notícias suas pelos jornais. Sua mãe lerá o comunicado e dirá, balançando a cabeça: "Meu filho querido, você precisa fazer melhor do que isso!". Você está completamente errado se pensa que a única coisa que seus parentes querem é rever você vivo. O que esperam de você é que expulse o alemão. Não querem ter vergonha de você. Se você morrer ao impedir o alemão de avançar mais em nosso país, eles honrarão sua memória para sempre. Sua morte heroica iluminará a vida de seus filhos e netos e os reconfortará. Se deixar a Alemanha vencer, sua própria mãe o amaldiçoará.

Esse artigo reflete bem o estado de espírito dos soldados russos em Stalingrado e a consciência aguda que tinham de que, "para além do Volga, não havia mais nada". Para ilustrar o vínculo estreito que unia o exército e a retaguarda, Lidin cita o caso de um soldado chamado Ptitsin, cuja esposa havia ouvido falar que ele dormira enquanto estava em serviço e que, em seguida, escrevera ao comissário político para lhe solicitar que repreendesse seu marido.

Os termos "país" e "revolução", como vimos anteriormente, eram cuidadosamente associados na propaganda. Muitas vezes se lembrava – ainda que com menos frequência do que depois, por exemplo, em 1944 – que a Rússia devia sua capacidade excepcional de resistência à revolução bolchevique. Por ocasião do quarto aniversário do célebre *Breve curso de história do Partido Comunista*, no dia 9 de setembro de 1942 (Stalingrado estava atravessando um período particularmente crítico), Mitin,[5] um dos teóricos marxistas mais proeminentes, redigiu um artigo em três colunas no *Pravda*:

> É da experiência histórica do partido bolchevique, do nosso conhecimento das leis do desenvolvimento social e, que tiramos nossa confiança na vitória, na certeza de que prevaleceremos, no fim das contas, sobre as forças obscuras e retrógradas da Alemanha nazista. O *Breve curso de história do Partido Comunista* nos ensina a mobilizar o imenso potencial criador que o povo soviético tem e como utilizá-lo. À pergunta "Qual é o motivo desse milagre?" – o milagre de um país enfraquecido, atrasado, que consegue vencer as nações mais poderosas do mundo –, Lênin responde: "A centralização, a disciplina e um incomparável espírito de sacrifício [...]".

Mitin concluía o artigo afirmando que "hoje, esse espírito de disciplina e de sacrifício pessoal era mais importante do que nunca".

A Batalha de Stalingrado se inicia

Os artigos de imprensa dedicados, durante toda a Batalha de Stalingrado, aos imensos progressos realizados pelas indústrias de guerra eram, deve-se reconhecer, mais significativos e encorajadores para os soldados do que essas áridas considerações ideológicas da propaganda.

No que diz respeito a essas indústrias de guerra, o período mais sombrio foi o outono de 1941: um grande número de zonas industriais havia sido ocupado; muitas fábricas haviam sido destruídas, e aquelas que tiveram tempo de ser evacuadas não estavam em operação ainda. O Exército Vermelho estava muito mal equipado, o que explica em parte por que a ofensiva de inverno de 1941-1942 foi longa e difícil.

Na primavera europeia de 1942, as condições não eram melhores: várias fábricas de armamento tinham sido evacuadas da Ucrânia para o leste e mal começavam a funcionar, assim como um pequeno número de fábricas evacuadas de Leningrado. Teria sido impossível transferir todo o material necessário durante o inverno, e foi somente no início do verão de 1942 que a produção militar alcançou um nível aceitável.

O material fornecido pelos Aliados, em particular os jipes e caminhões, só foi utilizado pelo Exército Vermelho a partir de 1943. Em 1942, este dependia quase exclusivamente da indústria militar soviética. O que os comboios aliados provenientes do norte traziam, antes da abertura completa da rota iraniana, representava uma ínfima parte do equipamento necessário para cobrir as perdas.

Foi uma verdadeira proeza transportar do oeste para o leste, em 18 mil comboios ferroviários, uma enorme quantidade de material industrial e evacuar milhões de civis. Ao custo de uma formidável mobilização de energia, conseguiu-se reconstruir, nas partes remotas dos Montes Urais e da Sibéria, as indústrias de armamento, e isso em um tempo mínimo e em condições extraordinariamente difíceis. As condições de vida e trabalho eram terríveis. A escassez de alimentos era cruel, as pessoas trabalhavam até 15 horas por dia porque sabiam que isso era absolutamente indispensável. Elas tinham os "nervos à flor da pele" e sabiam que nunca seu trabalho fora tão necessário. Muitos morreram trabalhando. Em alguns casos – eu poderia citar nomes –, as pessoas tinham de percorrer a pé, em pleno inverno siberiano, até 12 km para comparecer ao trabalho; depois, trabalhavam 12 horas seguidas, ou mais, antes de voltar para casa novamente a pé, e isso dia após dia, mês após mês. No *Pravda* de 18 de setembro de 1942, V. Ilienkov descrevia, em "Uma carta dos Urais a um soldado", como foram construídos, durante o terrível inverno de 1941, no espaço de praticamente 15 dias e em um lugar completamente deserto nos arredores de Sverdlovsk, dois enormes prédios destinados a abrigar o material evacuado proveniente de uma fábrica militar da Ucrânia:

> Sverdlovsk, a bela capital dos Urais, fica no meio das montanhas e florestas de pinheiros. Lá se encontram muitos edifícios magníficos, mas quero lhes falar dos dois prédios mais notáveis de toda a região. O inverno já estava bem avançado quando Sverdlovsk recebeu do camarada Stalin a ordem de construir dois prédios para instalar uma fábrica evacuada da Ucrânia. Os trens lotados de material e de evacuados já estavam a caminho. Uma vez no destino, a fábrica deveria retomar imediatamente a produção e tudo isso deveria ser feito em 15 dias, 14 exatamente, nem uma hora a mais! Então, nosso povo dos Urais chegou a esse lugar deserto armado com pás, barras e picaretas: estudantes, datilógrafos, contadores, atendentes de loja, donas de casa, artistas, professores. A terra era dura como pedra, congelada até o fundo como é o nosso solo siberiano no inverno. As estacas e as picaretas não conseguiam penetrar o solo endurecido. Iluminadas por lamparinas a óleo, as pessoas batiam na terra a noite inteira. Elas retiraram as pe-

dras e cavaram a terra congelada para estabelecer as fundações dos prédios. O camarada Sivach, o diretor de barba grisalha do teatro de Sverdlovsk, conduzia, com sua equipe, as operações. Mesmo com os pés e as mãos inchados pelo frio, ninguém abandonava seu posto. A nevasca castigava. Centenas de caminhões transportavam materiais de construção ininterruptamente. Em poucos dias, estruturas de aço surgiram da terra. No 12º dia, as máquinas, cobertas de gelo, começaram a chegar aos novos prédios de telhado de vidro. Acendiam-se braseiros para descongelá-las [...]. E, dois dias depois, a fábrica de armamentos começava a produzir.

Sem dúvida, era útil lembrar ao povo russo em geral e aos combatentes em particular o preço pago para conseguir a façanha de evacuar a totalidade das fábricas para o leste em um tempo recorde. Porém, era ainda mais importante mantê-los informados do atual estado das operações de reconversão.

Isso era bom para o moral e dava indicações para o futuro, especialmente em caso de uma grande contraofensiva por parte do Exército Vermelho. É verdade que nenhum número sobre a produção – em termos absolutos ou relativos – foi divulgado ao público. Porém, a satisfação oficial manifestada diante dos resultados parecia tanta que os soldados não podiam deixar de se impressionar e se tranquilizar. Além disso, eles sabiam que, neste caso, não se tratava de propaganda. De fato, os contatos entre os militares e os dirigentes das fábricas de armamentos eram constantes. Delegações de combatentes iam às usinas de produção militar. Ali, encontravam membros da direção, que também mantinham estreitas relações com os líderes militares.

De modo significativo, durante a Batalha de Stalingrado, metade dos artigos da imprensa era dedicada ao trabalho nas fábricas de armamentos. Era um assunto de discussão sem fim.

No editorial de 8 de setembro de 1942, intitulado "O formidável apoio ao exército", o *Pravda* escreveu:

> O Exército Vermelho recebe hoje uma quantidade cada vez maior de equipamento. Todo mês, a produção de material e munições aumenta consideravelmente. No âmbito da competição socialista, a iniciativa e o entusiasmo no trabalho dos patriotas soviéticos fizeram milagres em matéria de produtividade. Os planos de produção do tempo de guerra e as ordens prioritárias do *front* são cumpridos a tempo e frequentemente bem antes do prazo fixado. O relatório sobre o estado da competição socialista para agosto de 1942 que publicamos hoje revela os sucessos registrados na siderurgia, aeronáutica e produção de tanques [...]. A produção militar destinada às primeiras linhas progrediu ainda mais em julho de 1942, e um grande número de fábricas recebeu a ordem do Estandarte Vermelho do Comitê de Defesa do Estado. Além dessas indústrias, muitas fábricas que antes estavam atrasadas estão agora entre as mais eficientes e podem esperar merecidamente a sua vez de receber a medalha do Estandarte Vermelho. O Comitê de Defesa do Estado julgou necessário aumentar o número de medalhas conferidas à indústria aeronáutica [...]. Apesar das condições de guerra, nossa indústria funciona cada vez melhor, e o exército recebe cada vez mais equipamento e material.

O artigo continuava destacando que não se tratava apenas de uma questão de quantidade, mas também de qualidade, e lembrava as recompensas que acabavam de ser concedidas aos "dois engenheiros aeronáuticos" Yakovlev[6] e Ilyushin,[7] que haviam conseguido projetar e fabricar aviões que superavam todos os modelos alemães. "Também é muito importante aumentar a produção de motores de avião", prosseguia o artigo, que insistia igualmente no

A Batalha de Stalingrado se inicia

aumento significativo da produção de modelos melhores de canhões e blindados. "A retaguarda fornecerá ao exército cada vez mais material para esmagar os alemães, escorraçá-los de Stalingrado e do Cáucaso e sangrá-los até a última gota". No mesmo dia, o jornal publicou uma entrevista de destaque de Yakovlev, intitulada "Os Yaks contra os Messerschmitts".*

Mesmo que as forças aéreas e blindadas russas em Stalingrado continuassem inferiores em número e que a imprensa continuasse relatando exemplos de atos desesperados como o dos 16 *komsomols* – que, sem as armas adequadas para abater os tanques inimigos, jogaram-se sob suas lagartas com cintos explosivos (quatro deles sobreviveram porque alguns tanques deram ré) –, rumores já assinalavam, entretanto – e isso não era somente propaganda –, que as novas unidades russas preparadas estariam não apenas mais armadas, mas mais bem armadas do que os alemães.

Em retrospecto, tais traços de otimismo não eram infundados. Isso é mais impressionante quando se considera a situação tal como se apresentava realmente em Stalingrado na época. Não que a propaganda tivesse deliberadamente escolhido distorcer a realidade dos fatos, mas, quando a situação aparentemente era ruim, mesmo não sendo desesperadora, a tendência do Sovinformburo e, consequentemente, da imprensa, era alternar o tom: alertavam para a gravidade da situação e expressavam, ao mesmo tempo, sua confiança na situação em geral, sendo bem vagos sobre os acontecimentos.

É possível ver que nem os comunicados militares nem os relatos de imprensa durante a primeira metade do mês de setembro de 1942 apresentaram um quadro fiel à realidade. Tudo o que se podia juntar como informações era que os russos estavam perdendo terreno, que sua resistência permanecia sólida e que a situação,

---

* N.T.: Os Messerschmitts eram aviões de caça da Luftwaffe.

embora séria, não era de modo algum desesperadora. Porém, à luz dos eventos posteriores, é mais fácil entender essa reticência. Se a imprensa tivesse descrito fielmente a situação tal como era em Stalingrado, digamos em 14 de setembro, por exemplo, teria retratado uma realidade extremamente sombria. Todavia, a imagem seria inexata, porque teria faltado um elemento decisivo, impossível de revelar: na noite de 14 de setembro, a divisão Rodimtsev já se encontrava na outra margem do Volga, pronta para atravessar o rio durante a noite. A verdade era que, a 14 de setembro, os alemães já haviam ocupado uma grande parte de Stalingrado. Eles abriram uma passagem até o centro da cidade e tomaram a colina Mamayev, o ponto alto da cidade, posto estratégico de onde pensavam poder repelir, com tiros de obuses, qualquer tentativa dos russos de atravessar o Volga.

O que aconteceu em 15 de setembro foi muito importante: os alemães foram expulsos do centro da cidade por algumas unidades da divisão Rodimtsev. Isso marcou o início dos famosos combates de casa em casa, de apartamento em apartamento, que se estenderiam até o final da Batalha de Stalingrado.

Nesse mesmo dia, a divisão Rodimtsev retomou a colina Mamayev, o que era quase tão importante. No entanto, apesar de todos os esforços empreendidos pelos russos para conservar esse local estratégico, a colina foi retomada pelos alemães em outubro e reconquistada apenas em janeiro de 1943.

Todavia, não se deve subestimar a importância dos avanços russos de 15 de setembro. Sem falar ainda de real estabilização do *front*, a partir desse momento, os alemães deixaram de ter uma vantagem regular e quase automática sobre os russos. Se tivessem continuado a avançar no mesmo ritmo que antes de 15 de setembro, os alemães teriam logo "limpado" a cidade. Agora, precisavam abandonar qualquer ideia de "limpeza". Enfrentavam um inimigo que sabia revidar com força, que continuava a se defender, que havia ganhado muito terreno e que, além disso, tinha mais chances de consolidar seus avanços.

Os eventos dramáticos que ocorreram durante os primeiros 15 dias de setembro talvez nunca sejam conhecidos em todos os detalhes. Consegui coletar, entretanto, testemunhos diretos – reveladores, ainda que fragmentados – desses dias. Um desses testemunhos relata como, em um bairro do centro de Stalingrado, uma divisão russa inteira caiu em uma armadilha dos alemães e foi literalmente aniquilada – um massacre horrível, do qual vários combatentes se lembrariam alguns meses depois, em janeiro de 1943, quando seria sua vez de aniquilar a quase totalidade do 6º Exército alemão.

Seguindo sua lógica, os serviços de informação do exército soviético não disseram nada preciso sobre o que aconteceu em Stalingrado em 15 de setembro. De fato, como a perda de grande parte do centro da cidade e da colina Mamayev não havia sido tornada pública antes, era impossível mencionar sua reconquista. Por outro lado, ainda que os russos tivessem feito alguns avanços, estes continuavam extremamente frágeis (como seria constatado no mês seguinte). E decerto era cedo demais para declarar vitória e comemorar publicamente.

Os comunicados militares tinham certo interesse, mas eram muito incompletos e permaneciam bastante vagos, sugerindo simplesmente que os combates "continuavam nos arredores de Stalingrado".

Várias razões podem explicar esse viés. Era indispensável não dar ao mundo externo uma imagem sombria demais da situação em Stalingrado, pois, no exterior, já se tendia a piorá-la. O Japão, por exemplo, perguntava-se se entraria em guerra contra a URSS, e jamais se esteve tão perto de um ataque japonês quanto em setembro de 1942.

Tanto as confissões de fraqueza do lado russo como as novas vitórias chegavam aos ouvidos dos japoneses, e eram cuidadosamente pesadas pelos estrategistas militares.

É interessante observar que, em 16 de setembro, ou seja, dois dias depois da chegada dos reforços a Stalingrado, a imprensa difundiu o que estava se passando na cidade ou tentou dar uma ideia aproximada disso pelo menos: pela primeira vez, os jornais falaram nas entrelinhas da "estabilização do *front*".

As notícias provenientes de Stalingrado durante a segunda metade de setembro eram, em geral, tão vagas e fragmentadas, mitigando êxitos e fracassos locais, que nem vale a pena mencioná-las aqui. Disso tudo resultava que, mesmo que se tivesse chegado a uma certa "estabilização" do *front* desde meados de setembro, a batalha continuava feroz. Na realidade, os alemães mantinham uma vantagem considerável.

Durante essa segunda metade de setembro, dois fatos merecem ser destacados: a natureza específica dos combates de rua, casa a casa, e o nascimento do mito de Stalingrado.

A 22 de setembro, o *Estrela Vermelha* dedicou um longo editorial à técnica do combate de rua. É interessante citá-lo quase integralmente porque relata muito bem o aspecto mais particular, até mesmo mais "romântico" (aos olhos de alguns), da Batalha de Stalingrado.

> Os combates de rua se dão em condições tais que nossos soldados muitas vezes estão separados do inimigo por apenas algumas dezenas de metros. Com frequência, ocupamos uma parte de um imóvel, e o inimigo, a outra. O combate vira quase sempre corpo a corpo, e seu resultado depende inteiramente da maneira como é conduzido por pequenos grupos levemente armados. Granadas de mão, garrafas incendiárias, baionetas: essas são as armas usadas nesses combates de rua.
> A companhia comandada pelo camarada Lukyanchenko mostrou como usar ao máximo os homens e o poder de fogo desse tipo de combate. Essa companhia defendia uma rua: todos os subsolos de onde era possível proteger as entradas dos imóveis

foram transformados em pontos de tiro. Toda a zona de defesa e cada posição haviam sido dispostas de modo a garantir uma visão de 360 graus contra os assaltos inimigos. Todos os prédios do entorno, todas as entradas dos imóveis e alamedas estavam protegidos. Os pontos de tiro instalados pela companhia eram bem camuflados e reforçados. A vigilância noturna era particularmente bem organizada: nos locais onde o inimigo podia aparecer, ele era imediatamente identificado. À noite, soldados patrulhavam. Como sabemos, os atiradores alemães muitas vezes estavam disfarçados de soldados do Exército Vermelho para tentar forçar nossas linhas. No setor defendido pelo camarada Lukyanchenko, nenhuma dessas tentativas alemãs teve êxito. A experiência dessa companhia demonstrou que todo prédio bem fortificado e defendido por homens decididos e competentes se torna impenetrável. Cada reduto de resistência era constituído por um imóvel bem fortificado ou por um grupo de prédios adaptado para uma defesa polivalente. Em cada ponto fortificado, um sistema de defesa antitanques e anti-infantaria foi instalado. Os pontos de tiro devem estar situados de tal maneira que cada rua, cada prédio, cada espaço aberto esteja em sua linha de mira. Às vezes, é necessário cavar abrigos intermediários.

Cada ponto fortificado deve ser construído de tal forma que, mesmo parcialmente ocupado pelo inimigo, ele possa continuar operacional. Ninguém – unidade ou soldado individual – deve temer um cerco. No combate de rua, com frequência nos encontramos isolados e cercados. O soldado deve estar preparado para essa eventualidade. Se necessário, deve até estar pronto para enfrentar um longo cerco; nessa perspectiva, ele deve garantir antecipadamente que dispõe de uma quantidade suficiente de munição, víveres e água no local e arranjar passagens secretas para poder se juntar às unidades próximas.

Nesse tipo de combate, os grupos móveis de reforço desempenham um papel específico. Eles intervêm nas zonas protegidas e quando não é necessário ter guarnições permanentes. Cada companhia, cada seção deve dispor desses grupos móveis que o comando utiliza para os contra-ataques. Porém, estes não devem se apoiar exclusivamente nos grupos móveis. Cada unidade deve se mobilizar de tal maneira que o inimigo não possa se refugiar em um prédio que acaba de tomar; o contra-ataque deve ser imediato para expulsá-lo. E mesmo que ele tenha conseguido se refugiar, todos os meios serão utilizados para expulsá-lo de lá.

O conjunto do sistema de defesa e a disposição dos pontos de tiro, bem como o equipamento e a fortificação dos prédios devem ser preparados de modo a organizar bolsões de tiro e outros tipos de armadilha para o inimigo. A verdadeira arte do combate de rua consiste em atrair o inimigo para tais bolsões, cercá-lo e aniquilá-lo.

O combate de rua leva inevitavelmente a escaramuças distintas. Isso dificulta qualquer controle. Muitas vezes, o comando não pode ver qual direção está tomando o combate que se desenvolve em uma rua vizinha, mas deve garantir que suas ordens sejam executadas. Para que isso ocorra, cada soldado, individualmente, e cada unidade, em seu todo, devem saber exatamente qual é sua missão e conhecer os prédios que está defendendo em seus mínimos recantos.

Se os alemães conseguirem tomar um primeiro andar, devemos continuar defendendo o andar seguinte. E, se for preciso abandoná-lo ao inimigo, devemos subir ao andar superior e assim por diante até a cobertura, até mesmo ao telhado – mas fazer de tudo, em todos os casos, para vencer. Se o inimigo conseguir se apoderar de todo o imóvel, a unidade que o perdeu deve lançar o assalto, várias vezes, até que consiga retomá-lo.

A Batalha de Stalingrado se inicia

> Se restar apenas um sobrevivente, ele deve também continuar o combate, pois, no combate de rua, um simples soldado, sozinho, se for corajoso, obstinado e tiver uma grande presença de espírito, pode frustrar os planos de todo um grupo inimigo.

Evidentemente, a contar da segunda quinzena de setembro e até o final do mês, esses combates de casa em casa continuaram em uma zona de vários quilômetros, principalmente no centro de Stalingrado, onde havia grandes imóveis em alvenaria. Em certos lugares, a "linha" de frente era tão complexa que nenhum mapa conseguia traçar os contornos, de tão próximos que os "bolsões" russos e alemães se encontravam uns dos outros, e as "ilhotas", imbricadas.

Posteriormente, Konstantin Simonov,[8] em um romance intitulado *Dias e noites*,* retratará o cotidiano de tal "fortaleza" em miniatura dentro da própria Stalingrado, sem conseguir, contudo, transmitir a intensidade ou o horror desses combates. Ele inseriu na trama uma insípida história de amor, mas, no conjunto, a guarnição da minúscula fortaleza em perpétuo estado de alerta e o modo como ela executa suas saídas noturnas para tentar tomar os imóveis vizinhos mantidos pelos alemães se baseiam em fatos reais.

Durante a segunda quinzena de setembro, os alemães tentaram retomar o centro de Stalingrado – de onde haviam sido expulsos pouco antes. Conseguiram em parte, mas o coração da cidade e a praça central que se tornariam, alguns meses depois, o último bastião de Von Paulus foram tomados apenas em outubro.

Ao fim do mês de setembro, a imprensa soviética reconhecia que os alemães haviam se aproximado do centro da cidade, insistindo no fato de que a técnica russa de combate de rua, casa a casa, havia retardado consideravelmente o avanço alemão em direção ao Volga. Este havia sido particularmente sangrento.

---

* N.T.: Konstantin Simonov, *Dias e noites*, São Paulo, Cia. Editora Nacional, 1947.

Lia-se no *Estrela Vermelha* de 20 de setembro de 1942: "Os alemães continuam tentando penetrar até o centro de Stalingrado". No *Pravda* do dia seguinte, dois jornalistas, Kuprin e Akulchin, retornando de Stalingrado, relatavam:

> A intensidade e a violência dos combates aumentam mais e mais. Dia e noite, os canhões rugem nas cercanias da cidade. Obuses e minas explodem, e a terra treme sob uma chuva de bombas. Nesse fundo sonoro ensurdecedor, as detonações dos canhões, o barulho das metralhadoras e as rajadas das submetralhadoras se fundem; quanto aos tiros de fuzis, quase não são percebidos. Os entornos da cidade são envolvidos por nuvens de fumaça e, à noite, o brilho vermelho das casas em chamas é visto a quilômetros em todas as direções. Os terrenos nos limites da cidade estão solapados por crateras deixadas pelas bombas e por buracos de obuses. No centro da cidade, nas praças e nas ruas, tudo está devastado pelos bombardeios incessantes e tiros de canhão de longo alcance [...]. Nas estradas que levam a Stalingrado, acumulam-se montanhas de destroços metálicos, vestígios de centenas de veículos, tanques, canhões e morteiros despedaçados. Os alemães não têm mais tempo para enterrar todos seus mortos nem para evacuar seus feridos. O inimigo colhe perdas terríveis, mas não deixa de continuar lançando ao assalto cada vez mais regimentos e divisões e jogando na batalha novas colunas de blindados e caminhões, bem como enxurradas de aviões [...].
> Os principais combates se dão em alguns setores específicos, especialmente a noroeste da cidade, onde os alemães lograram controlar várias ruas.

Nesse momento, a linha de frente bastante irregular (e como poderia haver uma linha "regular" quando vários prédios eram ocupados ao mesmo tempo por russos e alemães – às vezes no mesmo andar – e quando as posições eram tão próximas que os alemães tinham medo de atingir seus colegas se bombardeassem os russos?) se estendia ao norte da praça central de Stalingrado.

Em 25 de setembro, o jornal *Izvestia* publicou estes excertos redigidos pelo tenente-coronel Daniluk, que combatia em Stalingrado:

> Nunca na minha vida esquecerei o espetáculo da noite passada. A luz artificial dos sinalizadores de paraquedas sobre a cidade dava um aspecto completamente irreal às ruas. Pareciam imagens que desfilavam a toda velocidade em uma tela de cinema. Nas proximidades, os motores dos aviões rugiam em nossos ouvidos e encobriam todos os outros barulhos que enchiam a cidade. A cem metros de distância, uma bomba explodiu e, a seguir, um pouco mais longe, outra. Uma sentinela foi morta. Os motoristas de tratores não paravam de descarregar suas caixas de obuses como se nada estivesse acontecendo. Que cenas tranquilas eram evocadas pelo ronronar dos tratores! Quando penso que esses mesmos tratores haviam sido fabricados na própria cidade!
>
> Ao redor da praça central de Stalingrado, com seu monumento à memória dos soldados mortos durante a guerra civil, havia o hotel Intourist, a casa do Exército Russo, o Comitê Regional do Partido e o Palácio dos Sovietes. Agora, restam apenas ruínas enegrecidas e retalhadas por explosões de obuses dos imóveis incendiados. Entretanto, as árvores da praça ainda estavam verdes e, é inacreditável, dois quiosques, uma banca de jornal e um estabelecimento de bebidas estavam em pé, intactos [...].
>
> Avançando mais adiante, chegamos a uma rua cortada por uma barricada. E, um pouco mais longe ainda, começa a linha de frente. Lá, os combates se dão em cada casa e em cada pátio. E essas casas e pátios mudam constantemente de mãos.

Essa era a situação no *front* no centro de Stalingrado perto do fim de setembro. A 28 de setembro, Kuprin e Akulchin escreviam:

> Às margens do Volga, o rugido e o estrondo dos combates de rua ressoam como um eco. Esse caos incessante de barulho, fogo e fumaça parecem sair de uma gigantesca fornalha dos infernos. Os combates travados para conservar Stalingrado são cada vez mais sangrentos. A cidade inteira é sacudida pelas explosões dos obuses e das minas. As ruas são engolidas por nuvens de poeira e fumaça que parecem nunca ter tempo de baixar antes que outra bomba ou que outro obus exploda. Os arredores da cidade também são palco de combates ferozes. O inimigo lançou na batalha suas tropas de elite e está disposto a tudo para dividir a cidade e desorganizar nossa defesa [...]. Na semana passada, uma única divisão alemã perdeu não menos que 3.300 homens. Porém, os alemães resistem, e a pressão que exercem é mais forte do que nunca. A situação continua muito ameaçadora. Os defensores de Stalingrado sabem disso e contra-atacam em vários setores. Uma divisão da guarda, à qual foi confiada a tarefa de defender um dos setores mais ameaçados, não deixou o inimigo avançar um passo. Os alemães lançaram contra ela uma coluna de blindados; nossos homens destruíram 28 deles.

O comunicado de 28 de setembro relatava "violentos combates" na região de Stalingrado contra "forças inimigas superiores em número" e reconhecia que, após um ataque feito por duas novas divisões alemãs apoiadas por 150 blindados, alguns tanques conseguiram entrar no bairro operário a noroeste da cidade. "Dois regimentos e 50 blindados foram aniquilados", concluía o comunicado.

Essa penetração no bairro operário prenunciava evidentemente a grande ofensiva alemã, que devia começar 15 dias depois. Seu objetivo era tomar as grandes fábricas situadas a noroeste de Stalingrado, que dificultavam o avanço dos alemães em direção ao Volga.

Porém, de 29 de setembro a 14 de outubro, a pressão exercida pelos alemães diminuiu um pouco. Enquanto continuavam a atacar os russos, eles preparavam seu grande assalto. Durante essas duas semanas, fizeram várias tentativas a princípio infrutíferas para retomar a colina Mamayev e finalmente conseguiram-no em 9 de outubro. É desse período que data a lenda heroica de Stalingrado.

A imprensa saiu de sua reserva e começou a usar todos os dias expressões como "a heroica Stalingrado", "os heroicos defensores de Stalingrado". Konstantin Simonov e outros escritores, como Vassily Grossman,[9] Franz Krieger, Leonid Kudrevatykh,[10] dedicaram-se a retratar a dimensão patética, mas também heroica do drama que se desenrolava às margens do Volga. Em emocionantes artigos, eles celebraram a grandeza dos civis e a coragem dos combatentes de Stalingrado. Em 18 de setembro, por exemplo, Simonov apresentou nestas palavras a batalha que opunha a infantaria russa e os blindados alemães nas estepes ao redor de Stalingrado. Os combates se desenrolavam nas encostas do Volga.

> Ao pé das encostas, atrás da primeira companhia, o Volga. Diante dela, os blindados alemães. Era nisso que pensava o tenente Bondarenko, apontando com o dedo as duas direções e declarando com voz rouca aos seus homens deitados no chão para evitar os tiros dos blindados: "Lutaremos até o último homem!".

Finalmente, a artilharia russa veio socorrê-los e, ao anoitecer, os alemães bateram em retirada.

> De manhã cedo, eles enterraram os mortos. O batalhão havia perdido homens, e o capitão Tskalenko estava desolado e consternado pelo grande número de soldados mortos em combate.

Na verdade, era de se esperar. E, do lado alemão, as perdas eram duas vezes mais pesadas. Entretanto... talvez ele comemorasse o resultado se estivéssemos no início da guerra. Porém, agora, após mais de um ano de combates, após tanto sofrimento e tristeza, ele pensava que os alemães deveriam ter pagado quatro, cinco, dez vezes mais para cada um de seus homens mortos em combate.

Simonov citava o exemplo de um oficial que estava deixando crescer o bigode e havia prometido não raspá-lo antes de Stalingrado se livrar de todos os alemães.

Ele também lembrava o suplício dos civis presos no cerco:

> As encostas do Volga abrigam grutas. Foi lá que mulheres, crianças e idosos encontraram refúgio para escapar de sua cidade incendiada. De todos os lados, ouvem-se crianças chorando, e as mulheres nos seguem com um olhar suplicante. "Desgraçados! Olhem a que reduziram o nosso povo!", disse Bondarenko, com o olhar cheio de ódio.

No entanto, essas vítimas não inspiravam apenas piedade, suscitavam também admiração. A imprensa insistia nas proezas militares. Embora, naquele mesmo mês, a imprensa russa tivesse feito várias vezes referência a uma "Verdun soviética", essa comparação logo foi considerada inapropriada. Em 27 de setembro, Viktor Yerusalimsky escrevia no *Estrela Vermelha*:

> A imprensa estrangeira frequentemente compara Stalingrado e Verdun. Porém, o paralelo é artificial e incorreto: pela amplitude das forças envolvidas, pela importância das perdas do lado alemão, pela resistência feroz dos soldados do lado russo, Stalingrado supera de longe Verdun. Além disso, Verdun era uma fortaleza de primeira categoria, o que não é o caso de

Stalingrado. Mais importante ainda, a ofensiva russa no leste havia desviado de Verdun uma grande parte das forças alemãs; os alemães não podiam mais se concentrar em Verdun como queriam. No caso de Stalingrado, é o contrário.

Essa passagem faz uma clara alusão à ausência, em 1942, de uma "segunda frente". Além disso, seu autor condenava "a forte ideia difundida na Grã-Bretanha de que as tropas britânicas já estariam engajadas em outros lugares, em nada menos do que outros 12 *fronts* [...] e que, consequentemente, a questão de uma 'segunda frente' estava fora de cogitação".

No entanto, ao final do mês de setembro, a reivindicação soviética da abertura de uma "segunda frente" parecia menos premente do que antes. O fracasso do desembarque de Dieppe havia visivelmente comprometido a ideia de que o "muro do Atlântico" alemão era praticamente apenas um "muro de papelão". Entre as pessoas do povo, tendia-se a acreditar que os britânicos não podiam efetivamente abrir uma "segunda frente". Contudo, a decepção era perceptível; não se expressava tanto por uma desaprovação aberta à política britânica – não muito fácil de formular tão pouco tempo após a visita de Churchill a Moscou e o fracasso de Dieppe –, mas por meio da simpatia um tanto demonstrativa do Kremlin por Wendell Willkie[11] e da grande publicidade na Rússia às suas declarações sobre a necessidade de "sacudir um pouco" os generais. Willkie se encontrava em visita a Moscou em torno de 20 de setembro.

Enquanto isso, a "propaganda de ódio" corria solta. Os artigos de Ilya Ehrenburg, menos frequentes que durante os dias críticos que precederam Stalingrado, eram igualmente violentos e afiados. A insolência da imprensa alemã, enquanto a invasão nazista progredia inexoravelmente, forneceu-lhe um material de primeira categoria. Mesmo em 1941, os nazistas não haviam revelado seu jogo como estavam fazendo agora.

Em 18 de setembro, Ehrenburg passava em revista alguns jornais alemães:

> No *Hamburger Fremdenblatt*, o *Gruppenführer* Gasse afirma que a SS colonizará "a antiga Rússia". Cada colono alemão terá à sua disposição de oito a dez famílias de escravos russos [...].
> O *Lokal Anzeiger* promete, por sua vez, a distribuição de nossos territórios do sul aos húngaros, aos italianos e aos romenos para que os colonizem, enquanto o *Krakauer Zeitung* planeja instalar dinamarqueses e holandeses na Rússia.

Pode-se facilmente imaginar o efeito produzido por essa literatura nos russos! E Ehrenburg continuava:

> Querem fazer da Rússia sua colônia. Sua arrogância ultrapassa todos os limites. Tomaram gosto por sangue. Esses bebedores de cerveja e comedores de linguiça nojentos tomaram gosto por arrotar ordens. Querem que nossa grande Nação lamba seus pés fedorentos. Lançam pedaços de pastagem russa aos romenos nojentos, distribuem Yalta aos húngaros e Anapa a Antonescu. Prometem Sotchi aos carcamanos e Leningrado aos finlandeses. Já estão mobilizando seus especialistas e enviando-os para "apalpar os músculos dos operários russos, escolher moças caucasianas para os bordéis de Hamburgo, castrar nossos cossacos, formar unidades ucranianas para conquistar o Brasil"! Não! Karl von Dreck não beberá seu *schnapps* em Orel ou em Novgorod. Nós o mataremos, assim como abateremos todos os alemães que tiveram o atrevimento de entrar em nossa casa!

É incontestável que os alemães se comportaram na Rússia de maneira muito mais cínica e brutal do que em qualquer outro país

A Batalha de Stalingrado se inicia

beligerante. No caso da Rússia, os planos derradeiros da Alemanha foram descobertos antes mesmo que os alemães vencessem a guerra (eles presumiam, em sua loucura, que a vitória era apenas uma questão de tempo).

Na França, na Tchecoslováquia e na Noruega, sua política era radicalmente diferente. Esses países tinham seus Pétain, Hachar, Quisling. Na França, em especial, os alemães tentaram um jogo mais sutil, sugerindo que o que Hitler dissera sobre a França em *Mein Kampf* não valia mais. Com a Rússia, o jogo era aberto e, na Ucrânia, também não se comportavam melhor. Porém, embora a Ucrânia devesse ser colonizada, todos os russos (e os alemães iam direto ao ponto) deveriam ser pura e simplesmente exterminados, e a Rússia, varrida do mapa em um tempo relativamente curto. Os prisioneiros de guerra soviéticos iam morrer às centenas de milhares em 1941-1942; cidades históricas como Novgorod deviam ser deliberadamente arrasadas. Na própria Rússia, houve um exemplo flagrante da política de extermínio projetada pelos alemães com a cidade de Pogoreloye Gorodishche, próxima a Rzhev. Como que para ilustrar o verdadeiro objetivo almejado pelos invasores, a imprensa soviética publicou estatísticas macabras sobre os dez meses de ocupação pelos alemães dessa cidade, que, junto com algumas outras localidades, havia sido libertada pelo Exército Vermelho durante a ofensiva em Rzhev no final do mês de agosto de 1942, à custa de inúmeras vidas humanas. Em outubro de 1941, o povoado de Pogoreloye Gorodishche contabilizava 3.076 habitantes. Durante a ocupação alemã, 37 foram fuzilados, 94 queimados vivos por "atos de resistência à evacuação", 60 foram deportados e outros 1.980 morreram de fome. Restavam, portanto, 905 sobreviventes quando os russos retomaram o controle da localidade. Assim, no espaço de dez meses, mais de dois terços da população havia morrido. Todos os fatos relacionados a Pogoreloye Gorodishche foram publicados na imprensa em 27 de setembro. Maurice Hindus[12] e Paul Winterton,[13] que tiveram a possibilidade de realizar uma investigação independente nos lugares quase instantaneamente, confirmaram a veracidade desses dados.

Dois outros desdobramentos caracterizam esse período: rápidos progressos para uma convivência pacífica entre o Estado soviético e a Igreja Ortodoxa e a consolidação de uma estreita unidade orgânica entre o Exército, o Partido e a nação.

Devemos especificar aqui que, em setembro de 1942, foi publicado um livro muito revelador da nova atmosfera. Essa obra, intitulada *A verdade sobre a religião na Rússia*, ressaltava a lealdade da Igreja Ortodoxa à pátria russa em tempos de guerra e, por consequência, ao regime soviético. A publicação desse livro foi um passo importante rumo à conclusão lógica de um processo iniciado algum tempo antes: o restabelecimento do patriarcado de Moscou.

Entre as inúmeras razões dessa aproximação com a Igreja, a principal, de ordem psicológica, particularmente forte em 1942, era responder às aspirações espirituais de uma parcela da população. Como a unidade nacional era o imperativo absoluto do momento, era preciso evitar qualquer motivo de agravo sério contra o governo e o Partido Comunista – sem contar que isso poderia ser explorado pelo inimigo. O estabelecimento de uma convivência com a Igreja Ortodoxa não constituía, como pensavam alguns observadores estrangeiros, um desvio dos princípios fundamentais do sistema comunista; também não era, como pretendiam outros, um mero oportunismo político. Tratava-se mais de um acordo, mas não oportunista. A decisão havia sido tomada depois de anos de experiências infelizes, e esse acordo entre o Estado e a Igreja se tornava agora a pedra angular de uma política de longo prazo.

Em contrapartida, de maneira mais oportunista, deixou-se de considerar o Partido Comunista como o único baluarte dos valores, pelo menos temporária e parcialmente. Nesse momento de grande crise nacional, era essencial que o Partido se identificasse mais estreitamente com a nação e, em especial, com o Exército. No importante editorial do *Pravda* de 19 de setembro de 1942, podia-se ler particularmente:

> Grandes provações esperam hoje, mais do que nunca, nosso país. Os bandidos hitleristas ameaçam a própria existência do Estado soviético. Diante desse perigo mortal, o povo soviético cerrou as fileiras ainda mais estreitamente do que antes em torno do Partido Comunista, seu guia experiente [...]. A elite do nosso país sente o desejo de se juntar ao Partido Comunista e, no decorrer da guerra, essa aspiração não parou de crescer. Durante a segunda metade de 1940 e a primeira metade de 1941, 233.071 soviéticos entraram no Partido. De 1º de julho de 1941 a 1º de julho de 1942, 751.895 candidatos foram admitidos. Portanto, o fluxo de partidários mais do que triplicou [...]. O desejo de entrar no Partido de Lênin e Stalin é particularmente forte entre os soldados e oficiais do Exército Vermelho. Durante a guerra, centenas de milhares de soldados provaram, no campo de batalha e em duros combates, sua dedicação à causa de Lênin e Stalin e concretizaram formalmente essa ligação aderindo ao Partido.

Seguia-se a lembrança de inúmeros atos de bravura realizados por comunistas. Em alguns casos, foram encontradas estas últimas palavras afixadas no uniforme de soldados mortos em combate: "Morri comunista!".

O *Pravda* lamentava que não houvessem aberto ainda as portas do Partido a essas "admiráveis mulheres nos ombros das quais foi depositado o funcionamento das indústrias de guerra", e prosseguia assim:

Stalingrado

O Comitê Central do Partido – ressaltando que a vigilância continuava sendo necessária neste caso – autorizou os órgãos políticos do exército a aceitar como membros do Partido os soldados que se distinguiram em combate após um período probatório reduzido a apenas três meses. Essa decisão confere aos comunistas do exército a responsabilidade de intensificar o trabalho político e educativo dentro das forças armadas.

Notas

[1] Ilya Ehrenburg (1891-1967), escritor e jornalista soviético. Durante a guerra, ele se destacou pelos seus artigos violentamente antialemães (principalmente "Mate!", publicado em 24 de julho de 1942, em um dos momentos mais críticos do avanço alemão para a URSS). Membro do Comitê Judaico Antifascista, contribuiu, com Vassily Grossman, para a coleta de testemunhos do genocídio dos judeus da URSS pelos nazistas, que devia ser publicado em O livro negro, cuja publicação foi impedida em 1948 devido à campanha "anticosmopolita" lançada por Stalin.

[2] A defesa de Tsaritsyn (antigo nome de Stalingrado) durante o verão e o outono de 1918 contra o Exército Branco foi um dos primeiros grandes conflitos entre Stalin, enviado por Lênin para comandar a defesa da cidade, e Trotsky, Comissário do Povo na guerra. Diante da incompetência de Stalin e de Vorochilov, o comitê central do partido bolchevique acabou demitindo esses dois dirigentes da direção da frente de Tsaritsyn. Após a morte de Lênin, Stalin destacou sua ação em Tsaritsyn, rebatizada em 1925 como Stalingrado em homenagem àquele que "defendera a cidade com sucesso contra os Brancos".

[3] Os tártaros da Crimeia foram acusados pelo regime stalinista de terem colaborado "coletivamente" com as forças de ocupação alemã. Na realidade, desde os anos 1930, os tártaros da Crimeia, assim como outras minorias, eram suspeitos de "nacionalismo contrarrevolucionário" e de conluio com o movimento panturanista condenado desde o início dos anos 1920, com a expulsão de seu mais ilustre representante, Sultan Galiev (condenado à morte e executado em 1940), do partido bolchevique. Em maio de 1944, 180 mil tártaros da Crimeia foram deportados para a Ásia Central após uma grande operação policial.

[4] Líder político.

[5] Mark Mitin (1901-1987), filósofo marxista, acadêmico soviético, diretor do Instituto Marx-Engels-Lenin de 1939 a 1944, era redator-chefe da revista Bolchevik.

[6] Alexander Yakovlev (1906-1989), engenheiro e projetista de aviões, foi, a partir de 1940, chefe do gabinete especial de Construção Aeronáutica e comissário do povo junto à Indústria Aeronáutica. Desenvolveu dezenas de modelos de aviões militares, entre eles, os famosos caças Yak.

[7] Sergey Ilyushin (1894-1977), engenheiro aeronáutico e projetista de aviões, desenvolveu inúmeros modelos de aviões militares (IL-2 e IL-4) e civis (IL-12, IL-14, IL-18, IL-62).

[8] Konstantin Simonov (1915-1979), escritor e jornalista soviético, tornou-se célebre, desde o início da guerra, pelo seu poema "Espere-me" (1941) e por suas reportagens sobre o front. Autor principalmente de uma trilogia romanesca sobre a Grande Guerra patriótica, Os vivos e os mortos (1960).

A Batalha de Stalingrado se inicia

[9] Vassily Grossman (1905-1964), escritor e jornalista soviético. Já destacado por seus romances (*Na cidade de Berditchev*, 1934), foi correspondente de guerra para o *Estrela Vermelha* durante todo o conflito. Cobriu, especialmente, a Batalha de Stalingrado, que lhe forneceu os temas de suas duas grandes obras: *Por uma causa justa* (publicada em 1952 em uma versão censurada) e *Vida e destino* (publicada na URSS somente em 1989). A partir de 1942, revelou o horror do genocídio dos judeus na Ucrânia e participou ativamente do Comitê Judaico Antifascista, ao lado de Ilya Ehrenburg.

[10] Leonid Kudrevatykh (1904-1972), escritor e correspondente de guerra soviético, deixou lembranças sobre Grossman e a Batalha de Stalingrado (*No cruzamento do front*, Moscou, 1968).

[11] Wendell Willkie (1892-1944), advogado e político americano, candidato do Partido Republicano à presidência dos Estados Unidos nas eleições de 1940 contra Franklin Roosevelt. Realizou, durante a Segunda Guerra Mundial, várias missões diplomáticas, dentre as quais uma visita à URSS em setembro de 1942.

[12] Maurice Hindus (1891-1969), escritor e jornalista americano de origem judaica, nasceu na Bielo-Rússia e imigrou para os EUA. Escreveu diversas obras lúcidas e informadas sobre a sociedade soviética dos anos 1930, nas quais, diferentemente de inúmeros observadores estrangeiros, ele relatava a tragédia da coletivização forçada dos campos (*Red Bread*, 1931). Foi várias vezes à URSS durante a guerra e narrou suas estadias em várias obras sobre a URSS na guerra (*Mother Russia*, 1943).

[13] Paul Winterton (1908-2001), jornalista britânico e autor de romances policiais sob o pseudônimo de Roger Bax, foi correspondente em Moscou de 1942 a 1945 e publicou *Eye-Witness on the Soviet War Front* (1943) e *Report on Russia* (1945).

O Exército Vermelho contra-ataca

O início da grande ofensiva russa de 19 de novembro de 1942 foi precedido por preparativos longos e difíceis a noroeste de Stalingrado e na outra margem do rio Volga, a sudeste da cidade. Vimos, com base em dados, que os russos haviam conseguido atingir uma grande superioridade numérica em homens e armamentos nos setores em que pretendiam furar o cerco.

Para conseguir isso, o alto-comando realizou um imenso esforço operacional. Desde o início, contudo, diversos fatores jogaram contra os russos: a distância das bases logísticas; o mau estado e a ausência de vias de comunicação que permitissem chegar à região de Stalingrado e, particularmente, ao setor sul da cidade; as condições meteorológicas – o inverno tardava, de fato, a chegar.

Como os meios de transporte motorizados – ainda quase exclusivamente de fabricação russa – não eram adaptados ao terreno, um grande número de cavalos havia sido requisitado para realizar uma ofensiva supostamente moderna e rápida. Contudo, a ofensiva russa teve êxito total graças a um efeito completamente surpresa. Graças, também, à determinação demonstrada pelos soldados russos em combate e ao fato de o plano de ataque ter sido todo preparado com antecedência, de maneira muito minuciosa, e de todas as precauções necessárias terem sido tomadas contra eventuais contra-ataques alemães – principalmente contra uma tentativa alemã de furar, pelo lado de fora, o cerco. Para explicar os acontecimentos, não tenho escolha senão citar longamente o artigo do coronel Zamiatin, autoridade no assunto.

> Surpreendentemente, escreve ele, enquanto preparávamos nossa ofensiva, o inimigo não fazia ideia do perigo que o ameaçava. Para responder às ordens de Hitler, os alemães se debilitavam realizando ataques infrutíferos contra Stalingrado. Eles estavam convencidos de que o Exército Vermelho, sem reservas e equipamentos, era incapaz de lançar uma vasta ofensiva. Não poderiam estar mais errados. Já durante a fase defensiva da Batalha de Stalingrado, perseguimos dois objetivos: em primeiro lugar, interromper o avanço do inimigo; em segundo, criar as condições mais propícias possíveis para atingir os alemães em seu flanco leste. Foi por isso que o alto-comando soviético decidira manter Stalingrado a todo preço e também ampliar nossas cabeças de ponte na margem direita do rio Don, especialmente nos setores de Serafimovich e Sirotinskaya [...].
> As manobras que visavam ativamente o flanco esquerdo da frente do Don, a noroeste de Stalingrado, continua o coronel Zamiatin, não tinham como objetivo somente reduzir a pressão sobre o 62º Exército soviético dentro da cidade de Stalingrado, mas também e principalmente cercar uma grande parte das forças alemãs com um movimento de flan-

co, privando-os assim de qualquer margem de manobra e impedindo-os de se oporem à ofensiva que estávamos preparando. Dessa maneira, os alemães se viram limitados a concentrar suas forças de reserva operacionais na parte oriental do bolsão, o que iria criar condições ainda mais favoráveis ao cerco que havíamos programado.

No começo de novembro de 1942, os alemães ainda não haviam abandonado seu projeto insensato de ofensiva. O principal grupo alemão, constituído por divisões de elite, estava concentrado em Stalingrado e seu subúrbio, pois os alemães ainda tinham a esperança de tomar a cidade e penetrar ao longo do Volga até Saratov. Seu flanco, defendido em grande parte por unidades romenas com escassez de pessoal, era particularmente vulnerável.

Na própria região de Stalingrado, os alemães não dispunham de unidades de reserva operacionais substanciais; não podiam simplesmente imaginar uma operação semelhante a uma ofensiva geral por parte dos russos.

Entretanto, já em setembro, enquanto a defesa de Stalingrado estava apenas dando seus primeiros passos, os preparativos da ofensiva já estavam bem encaminhados. Essa fase defensiva permitiu ao nosso alto-comando ganhar tempo para organizar a ofensiva militar que levaria à destruição total dos dois melhores exércitos alemães: o 6º Exército e o 4º Exército blindado.

Por volta da metade do mês de novembro, os planos foram aperfeiçoados. Eles previam uma manobra de flanco que encurralaria as forças alemãs como uma pinça. Um dos lados da pinça devia encurralar, a partir do curso médio do Don, as unidades alemãs ao sul; o outro, a partir da região dos lagos de água salgada, ao sul de Stalingrado. O grupo Norte deveria furar o cerco inimigo ao sul de Serafimovich; já o grupo Sul deveria furar o cerco entre Stalingrado e o lago Barmantsak; após ter destruído o inimigo em seus flancos, os dois grupos deveriam avançar rapidamente e se unir em Kalach, efetuando assim uma manobra de cerco não somente das tropas alemãs entrincheiradas em Stalingrado, como também das que se encontravam a nordeste da curva do Don e na região situada entre o Don e o Volga.

A dificuldade desses preparativos, no auge de uma batalha defensiva feroz, não deve ser subestimada. Além disso, as vias de comunicação russas eram péssimas. As tropas necessárias à ofensiva deviam ser encaminhadas em segredo absoluto e através de campos desprovidos de qualquer abrigo natural, como florestas. A operação havia sido confiada aos responsáveis pelas três frentes. O general Vatutin dirigia a frente sudoeste, recém-criada; o general Rokossovsky, a frente norte; e o general Yeremenko, a frente de Stalingrado, ao sul.

Concentrar as forças em certos pontos, como dissemos antes, era uma tarefa particularmente árdua em razão da escassez de vias de comunicação e dos constantes ataques aéreos que estas sofriam. Isso ocorria sobretudo na frente de Stalingrado, onde as tropas eram enviadas por via fluvial abaixo de explosões de granadas e ataques aéreos. Os blocos de gelo carregados pelo rio retardavam de maneira considerável a travessia; em vez dos 40 ou 50 minutos habituais, a travessia podia levar cinco horas ou mais. Após uma barragem de artilharia intensiva, unidades de infantaria russas, apoiadas pela força aérea, três corpos de blindados e dois corpos de cavalaria, precipitaram-se em 19 de novembro em direção ao Don, partindo do noroeste. Em 23 de novembro, depois de atravessar o rio, elas tomaram a cidade de Kalach. Por sua vez, o grupo Sul, sob as ordens de Yeremenko, apoiado por dois corpos de exército motorizados e por um corpo de cavalaria, não se lançou na ofensiva antes de 20 de novembro; contudo, no dia 23, realizou uma incursão na direção de Kalach, após ter abatido diversas divisões inimigas, romenas na maioria. Os alemães, que no momento mantinham uma pequena cabeça de ponte na margem direita do Don, na parte noroeste da curva, perto de Sirotinskaya, bateram em retirada rapidamente para a outra margem, na direção de Stalingrado.

Os alemães estavam tão confiantes e a questão do prestígio contava tanto que apenas no último minuto se deram conta de que Stalingrado seria uma armadilha mortal. Não fizeram, então, nenhuma grande tentativa de fuga. Pelo contrário, as tropas alemãs isoladas da parte ocidental da cidade tendiam a querer continuar em Stalingrado por "segurança". Era por isso que um contingente tão grande estava preso em Stalingrado – pelo menos o dobro da quantidade de homens que haviam efetivamente participado dos combates contra o 62º Exército soviético dentro da cidade.

Citei anteriormente os objetivos do general Talansky, que explica por que os russos tiveram êxito em furar o cerco entre 19 e 23 de novembro de 1942. Se considerarmos a região como um todo, eles dispunham de uma força muito maior que os alemães e seus aliados entre Boguchar e o sul de Stalingrado. Com um planejamento sensato, conseguiam ter uma superioridade ainda maior nos setores em que havia ocorrido a principal incursão, ao mesmo tempo em que impossibilitavam o inimigo de se reunir. Os números relatados pelo general Talansky são os seguintes: uma proporção de 2 para 1 a favor dos russos para a infantaria, de 2,5 para 1 para a artilharia, de 2 para 1 para os blindados e a força aérea.

O coronel Zamiatin continuou com estas palavras:

> A operação principal foi concluída em 4 ou 5 dias. Em um setor de 1.500 km², 22 divisões inimigas – na maior parte alemãs – foram encurraladas. Ao longo das operações de in-

cursão, 8 divisões de infantaria romenas, 3 divisões alemãs, 1 divisão blindada romena e 1 alemã, assim como uma divisão de cavalaria romena, foram aniquiladas; 95 mil soldados inimigos foram mortos e 42.400 outros foram capturados.

Ele atribui o sucesso dessa operação a alguns fatores além dos já mencionados:

1. A escolha acertada do local do ataque principal: "Uma vez feito isso", explicou Stalin, "vocês já fizeram 90% do trabalho".
2. A escolha do melhor momento. Sobre isso, Zamiatin faz algumas observações interessantes a respeito das discordâncias que já existiam na época entre Hitler e alguns generais alemães. Em novembro de 1942, Hitler ainda insistia que as tropas alemãs continuassem a tentar tomar Stalingrado a qualquer preço. Porém, os generais começavam a ter a dimensão da insanidade dessa empreitada e, na primeira quinzena de novembro, alguns sinais indicavam que as tropas alemãs começavam a se entrincheirar e construir sistemas de defesa consideráveis. Se tivéssemos deixado tempo para o inimigo construir essas fortificações, especialmente ao longo dos flancos do bolsão de Stalingrado, a ofensiva russa teria encontrado obstáculos bem maiores do que encontrou; o tempo era, então, um aliado precioso.
3. O efeito surpresa. "Todos os preparativos ocorriam em segredo absoluto, a despeito das enormes dificuldades para concentrar essa quantidade de tropas e equipamentos nas áreas em torno de Stalingrado. Uma série de precauções foi tomada: qualquer correspondência pessoal proveniente da frente de batalha foi suspensa

e mesmo aos oficiais, inclusive os oficiais superiores, ordenou-se restringir a comunicação por escrito a respeito das operações futuras. Os movimentos de tropas eram acompanhados por uma camuflagem muito grande. Nenhum movimento ocorria de dia. Durante o dia, as tropas se escondiam nos vilarejos ou no fundo de inúmeras ravinas. Apesar das muitas missões de reconhecimento realizadas pelos aviões da Luftwaffe, o comando alemão não percebeu o que estava sendo preparado. E mesmo que tivesse informações indiretas, não tinha nenhuma ideia da dimensão das operações. Tudo isso foi confirmado por oficiais alemães capturados e também pelo fato de nenhuma medida ter sido tomada para impedir a ofensiva".

4. O fato de o ataque principal não vir de uma única direção, mas de várias. "Se iniciássemos a ofensiva a partir de um único ponto", explica Zamiatin, "teríamos dado aos alemães a possibilidade de concentrar, no espaço de dois dias, ao menos seis divisões, inclusive quatro divisões blindadas, para impedir nossa ofensiva. Mas como nosso ataque vinha simultaneamente de três frentes diferentes e as linhas inimigas foram imediatamente rompidas em diversos pontos, o comando alemão se viu incapaz, desde o início de nossa ofensiva, de realizar manobras e reunir suas forças com vistas a um contra-ataque intenso [...]. Além disso, em inúmeros pontos, penetramos mais de 40 km desde o primeiro dia, e em consequência disso muitas unidades inimigas perderam o contato entre elas. Ademais, ao organizar nossa ofensiva em uma frente de batalha de 400 km, evitávamos que as missões de reconhecimento inimigas focalizassem a atenção em um ou outro setor em particular. Tudo isso reforçou o efeito surpresa".

A ofensiva russa de Stalingrado se caracteriza também pelo fato de as principais incursões terem sido acompanhadas por múltiplas manobras de cerco de pequena escala que objetivavam dividir e aniquilar as forças inimigas na própria frente de batalha e, mais na retaguarda, as reservas táticas e operacionais. Foi o que aconteceu, por exemplo, na região de Bazkovsky, na margem direita do Don, onde o 4º e 5º Corpos romenos do exército foram cercados e forçados a capitular – o que teve como consequência a abertura de uma ampla brecha de mais de 40 km.

O poder de fogo russo utilizado no ataque principal era considerável. A cada quilômetro da frente de batalha, esse poder era de trinta a cinquenta canhões. Levando-se em conta uma resistência relativamente desorganizada, tratava-se de uma concentração de artilharia muito grande – bem menor, entretanto, do que outras operações posteriores, como, por exemplo, a incursão russa em Orel durante o verão europeu de 1943.

Resumindo a Batalha de Stalingrado nessa etapa de desenvolvimento, Zamiatin explica:

> O alto-comando alemão estava convencido de que o Exército Vermelho não tinha condições, durante o inverno de 1942, de empreender uma ofensiva de grande porte. Toda a estratégia alemã estava baseada em hipóteses erradas e em uma análise totalmente incorreta da situação. O comando alemão continuou a concentrar seu maior poder de fogo contra Stalingrado, sem dar atenção à fragilidade de seus flancos e sem se preocupar em formar reservas suficientes no local. Mesmo após o sucesso da operação de cerco das principais forças alemãs em Stalingrado, o comando alemão insistiu em seu ponto de vista e sua avaliação errada das forças respectivas de cada campo. Segundo documentos muito diversos apreendidos naquele

momento, parecia claro que os alemães, mais do que tentar furar o cerco, decidiram não se mover esperando serem socorridos (ao menos era o que eles pensavam) por grandes forças vindas do exterior.

Ciente desse risco, o comando soviético havia tomado todas as precauções. No início do mês de dezembro, o "anel" que cercaria as tropas alemãs encurraladas no bolsão de Stalingrado teria de 40 a 140 km de dimensão. Em dezembro de 1942, a amplitude do cerco foi um pouco uniformizada e chegava a uma centena de quilômetros ao sul e quase ao dobro ao norte.

No início do mês de dezembro, o 6º Exército alemão e o 4º Exército blindado, cercados na região de Stalingrado, encontravam-se em uma situação crítica. Entretanto, o comando alemão, ignorando completamente essa situação, persistia na ideia de não abandonar Stalingrado nem a região que se estendia a oeste da cidade, e de usá-la como trampolim para as ofensivas futuras. Ele ordenou às tropas situadas na região de Stalingrado que não tentasse sob nenhum pretexto realizar uma incursão para se libertar, mas sim resistir no terreno que ocupavam. O comando alemão exigiu o restabelecimento da ligação com as tropas alemãs de dentro da cidade por meio de uma incursão conduzida pelo lado externo, assim como o agrupamento de um grande contingente de forças, inicialmente em Tormosin e Kotelnikovo, respectivamente a 130 e 155 km a sudoeste de Stalingrado.

As operações que começaram em 12 de dezembro de 1942 apresentam as seguintes características: enquanto os alemães faziam manobras à vista de todos, os russos agiam à sombra. A poderosa formação alemã de Kotelnikovo, sob o comando do marechal Von Manstein,[1] iniciou uma ofensiva para furar o cerco russo na direção de Stalingrado em 12 de dezembro e continuou a avançar. Fica claro, agora, que quando as tropas alemãs atingiram o rio Mychkova, haviam percorrido quase metade do caminho que levava às portas de Stalingrado. Mas isso não preocupava muito os russos.

Os russos deixaram o marechal ir em frente e esgotar suas forças. Em 16 de dezembro, enquanto Von Manstein tentava reduzir a dimensão do cerco que encurralava os alemães em Stalingrado, as tropas soviéticas conduzidas por Vatutin e Golikov[2] atacaram numa ampla frente de batalha ao sul para fechar o cerco ao norte da cidade. O objetivo era impedir que as forças alemãs posicionadas no centro da curva do Don fossem ao socorro de Von Manstein, conduzindo uma ofensiva paralela mais ao norte, em direção a Stalingrado. Durante essa ofensiva na parte central da curva do Don, os russos avançaram de 100 a 150 km e abateram o 8º Exército italiano, o 3º Exército romeno e as divisões alemãs que pertenciam ao grupo Sul que acabavam de ser transferidas, segundo os russos, da Europa Ocidental – 59 mil soldados inimigos foram mortos nessa ofensiva, e 60 mil foram capturados. A "tropa de choque" alemã, composta por 6 a 8 divisões estacionadas em Tormosin, deveria ter forçado o cerco de Stalingrado ao mesmo tempo que o grupo de Kotelnikovo, comandado por Von Manstein. Mas precisou, em vez disso, preencher, da melhor maneira possível, as lacunas abertas pelos ataques das tropas de Golikov e Vatutin.

Von Manstein comandava oito divisões, das quais três blindadas: uma oriunda da França, a segunda de Briansk e a terceira do Cáucaso. Ele iniciou a ofensiva, como vimos, em 12 de dezembro, a partir do trampolim de Kotelnikovo, na esperança de ir direto até Stalingrado, seguindo a ferrovia. A ofensiva iniciou com um potente tiro de barragem e também com um grande apoio da força aérea. Em seguida, uma centena de tanques partiu para o ataque; as forças russas tiveram de bater em retirada ao norte de Kotelnikovo. No dia seguinte, um grupo de duzentos tanques, apoiado por uma grande força de infantaria motorizada, precipitou-se na brecha aberta por Von Manstein na véspera, ao longo da ferrovia.

SITUAÇÃO DA FRENTE EM 1º DE JANEIRO DE 1943, APÓS O FRACASSO DA OFENSIVA ALEMÃ

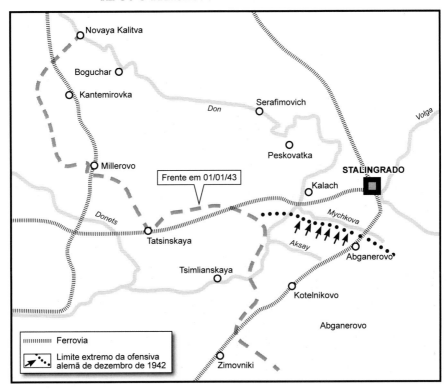

Dois dias mais tarde, em 15 de dezembro, os russos tiveram que recuar 25 km e retroceder para a margem norte do rio Aksay, um afluente do Don. Ali, durante quatro dias, russos e alemães se enfrentaram em violentos combates. Os russos não se contentaram apenas em defender suas posições com ferocidade, como também se lançaram em contra-ataques. De acordo com Zamiatin:

> Neste momento, fomos informados de que as tropas alemãs dentro de Stalingrado começavam a concentrar grandes forças blindadas na parte sudoeste do bolsão para atacar o cerco do lado interno – não com o objetivo de abandonar a cidade, mas

para "tornar a tarefa mais fácil" para Von Manstein. Em resposta, o comando soviético enviou numerosos reforços para o sudoeste de Stalingrado. Durante esse período, os combates continuaram ferozes na margem norte do Aksay até 23 de dezembro, antes que as tropas recuassem para a margem norte do Mychkova, 20 km mais ao norte. É preciso observar que em nenhum momento Manstein teve a possibilidade de avançar sobre uma grande frente, nem de penetrar profunda e rapidamente em nossas posições.

Quando o inimigo conseguiu avançar, nossas tropas simplesmente realizaram um movimento pra reforçar o flanco, de maneira que os alemães tiveram de aplicar muita energia para proteger seu próprio flanco e responder aos nossos contra-ataques. Mais do que recuar em direção à retaguarda, nossas tropas tendiam a se refugiar nos flancos da incursão alemã. Ao longo desses contra-ataques, nosso comando recorreu principalmente a forças de reserva móveis – tanques, unidades antitanques e artilharia.

Tudo isso retardou de modo considerável o avanço alemão, que se viu limitado a uma linha de frente de batalha muito estreita. Em média, o progresso das tropas alemãs durante a segunda fase de avanço não ultrapassou 3 ou 4 km por dia. A ofensiva alemã foi interrompida no rio Mychkova, ainda que a uma distância de quase 40 km das posições alemãs no bolsão de Stalingrado, isto é, metade do caminho em relação ao ponto de partida da ofensiva de Von Manstein.

Ao contrário dos alemães, que haviam sofrido grandes baixas, os russos ainda tinham a possibilidade de lançar tropas novas na batalha. Além disso, as forças russas oriundas do norte, sob as ordens de Vatutin e Golikov, ameaçavam agora as vias de comunicação de Von Manstein. Em 23 de dezembro, as tropas deste já haviam atingido a linha Millerovo-Tatsinskaya-Morozovskaya. Dada essa situação, as unidades alemãs se preparavam para uma retirada ordenada, percebendo que tinham poucas chances de conseguir, nesse momento, realizar uma incursão até Stalingrado. Para Zamiatin:

> Esse foi o momento em que as tropas de reserva russas – as divisões de guardas sob as ordens do general Malinovsky, que estavam agrupadas na margem norte do Mychkova – escolheram para passar à ofensiva. Estávamos em 24 de dezembro. Os alemães continuaram a sofrer grandes baixas até uma nova grande ofensiva dos russos que, em 14 de fevereiro de 1943, acabaria na libertação de Rostov.

Até mesmo Kotelnikovo foi libertada em 28 de dezembro e poderemos ler mais adiante o relato dessa batalha, reconstituída por um relato em primeira mão.

Ao longo dos combates que aconteceram entre 12 e 13 de dezembro, o grupo de Von Manstein perdeu 16 mil homens, assassinados ou capturados, 346 aviões, 300 blindados e mais de 300 canhões. Comparados a outras operações, esses números não têm nada de espetacular, mas essa foi – e isso é digno de nota – a única operação de grande porte que os alemães tentaram para fazer uma incursão até Stalingrado. O fracasso de Von Manstein (o "conquistador da Crimeia", a quem Hitler havia ofertado o palácio Vorontsov, em nome da "Pátria alemã agradecida" – o mesmo palácio em que Churchill ficaria durante a conferência de Yalta) marcava a aniquilação, em um prazo maior ou menor, dos exércitos alemães cercados em Stalingrado.

Que imagem da população soviética se formava na época desses combates no Don e na região de Stalingrado?

Os primórdios da grande ofensiva soviética foram anunciados pela primeira vez em um comunicado especial de 22 de novembro de 1942, nestes termos:

Há alguns dias, nossas tropas posicionadas no entorno de Stalingrado passaram à ofensiva contra os fascistas alemães. O ataque foi iniciado em duas direções: a partir do noroeste e do sul. Após ter rompido as linhas de defesa inimigas em uma frente de 30 km de largura (na região de Serafimovich) e, mais ao sul, em uma frente de 20 km, nossas tropas conseguiram, após três dias de violentos combates e de ter feito o inimigo ceder, avançar de 60 a 70 km. Nossas unidades ocuparam a cidade de Kalach, na margem oriental do Don, a estação de Krivomuz-ginskaya, e a cidade e a estação de Abganerovo. Assim, as duas ferrovias que abasteciam Stalingrado a leste do Don foram cortadas. Nossas tropas dispersaram seis divisões de infantaria e uma divisão blindada, e causaram grandes baixas em sete divisões de infantaria, duas divisões blindadas e duas divisões motorizadas. Em três dias, nossas tropas capturaram 13 mil prisioneiros e tomaram 360 canhões do inimigo. A lista das conquistas de guerra aumenta a cada dia. O inimigo perdeu 14 mil homens no campo de batalha. Os oficiais cujos nomes seguem se destacaram particularmente ao longo desses combates: o tenente-general Romanenko, o major-general Chistiakov, o major-general Tolbukhin, o major-general Trufanov, o tenente-general Batov.

Esse foi o breve anúncio do início da grande ofensiva que continuaria nos quatro meses seguintes e levaria ao aniquilamento das forças alemãs em Stalingrado, à expulsão dos alemães para fora do Cáucaso, da região do Don, de uma grande parte da Ucrânia e, indiretamente, à destruição do "trampolim" alemão a oeste de Moscou e à dissolução do cerco a Leningrado.

Em 23 de novembro, os jornais publicaram as fotos dos cinco generais citados no comunicado especial da véspera. O editorial do *Pravda* é interessante porque fala de modo contínuo da ofensiva de Stalingrado e do sucesso russo em Vladikavkaz que, como o futuro logo mostraria, não foi um revés isolado para os alemães, mas o começo da retirada de seus exércitos do Cáucaso. O título do editorial retomava uma observação profética feita por Stalin em seu discurso, cerca de quinze dias antes: "Em breve haverá alegria em nossas ruas também!". O artigo era, acima de tudo, um tributo aos homens que, ao resistirem dentro de Stalingrado, haviam possibilitado o sucesso dessa nova ofensiva.

O comunicado especial de 23 de novembro explicava que a ofensiva continuava. Vinte e quatro mil alemães haviam sido capturados e o número de alemães mortos chegava agora a 12 mil somente no dia 23 de novembro.

O que o comunicado não dizia – o que faria mais tarde – é que os dois exércitos haviam se unido ao sul de Kalach.

Já em 24 de novembro, os russos avançavam profundamente no lado interno da curva do Don. O comunicado especial fazia menção a um avanço de 40 km e à tomada de Surovikino e de muitas outras localidades do setor. Além disso, a sudoeste de Kletskaya, as unidades russas haviam encurralado três divisões inimigas com seus oficiais superiores e generais. Tratava-se, na verdade, de divisões romenas.

Nesse mesmo dia, lia-se na imprensa: "Avançando ao norte de Stalingrado e após ter ocupado três pontos no Volga, nossas tropas uniram as forças que defendem a parte norte da cidade".

Stalingrado, é preciso lembrar, estava dividida em quatro setores: o setor compreendido entre Rynok e a fábrica de tratores (então sob poder dos alemães); a pequena cabeça de ponte da fábrica Barrikadi; a cabeça de ponte principal e, enfim, uma quarta cabeça de ponte, menor, situada mais ao sul. Assim, o setor mais ao norte de Stalingrado – ainda que de importância estratégica secundária – foi tirado do isolamento. O "cerco" da principal frente de Stalingrado – os famosos 9 km – seria rompido apenas em 27 de janeiro de 1943, isto é, quando a Batalha de Stalingrado, como um todo, chegaria ao fim.

Ainda em 24 de novembro, os russos tomaram os povoados de Sadovoye, Umantsevo e outros situados mais ao sul. Nesse único dia, o balanço foi de 15 mil mortos e 36 mil prisioneiros do lado alemão. Ao longo dos cinco primeiros dias da ofensiva, as unidades russas tomaram 1.164 canhões, 431 blindados, 88 aviões, 3.940 veículos motorizados e mais de 5 mil cavalos.

Para recompensar os heróis de Stalingrado, foi cunhada uma nova medalha que se somou às de Odessa, Leningrado e Sebastopol. Implicitamente, isso queria dizer que a vitória era dada como certa. Foi anunciado que o Comissariado do Povo para a Defesa havia solicitado junto ao Presidium do Soviete Supremo a autorização para cunhar essas medalhas.

> Nessa solicitação [...], uma menção especial diz respeito aos exércitos que haviam defendido Stalingrado, e particularmente ao 62º Batalhão, que repeliu o principal ataque iniciado pelos alemães contra Stalingrado, e ao seu comandante, o tenente-general Tchuikov, assim como ao seu estado-maior – o coronel Gorokhov, o major-general Rodimtsev, o major-general Guriev, o coronel Bolvinov, o coronel Gurtiev, o coronel Saraiev, o coronel Skvortsov e outros, e todos os combatentes das unidades de artilharia e aviação.

Nos dias seguintes, nada de muito espetacular aconteceu; ainda não havia sido anunciada a novidade principal, isto é, que os alemães já haviam sido cercados em Stalingrado. Os russos se empenhavam principalmente em consolidar o cerco. Em 25 de novembro, o comunicado especial lista as novas localidades recuperadas das mãos do inimigo a noroeste de Stalingrado, na curva do Don. O número de prisioneiros se elevava agora a 51 mil, mas a intensidade dos combates havia diminuído um pouco e contavam-se, nesse dia, apenas 6 mil mortos.

Em 26 de novembro, continuando sua empreitada, os russos tomaram Krasnoye Selo, Gueneralov e alguns outros vilarejos. Porém, ao sul, os alemães começavam a reagir. A contagem do número dos prisioneiros alemães estava, nesse momento, segundo as estimativas dos russos, em 63 mil.

A inquietação aumentava nas frentes alemãs, tanto em Stalingrado quanto em Berlim. Segundo uma nota do Sovinformburo, "os alemães, em um primeiro momento, não quiseram admitir nada. Eles se gabavam de ter destruído duas unidades de blindados soviéticos – esse número era um grande produto de sua imaginação. Para acalmar a população", continuava a nota do Sovinformburo, "os alemães inventam histórias de armas secretas, afirmam dispor em Stalingrado de um tanque lança-chamas capaz de destruir um prédio de cinco andares. Tudo isso é pura mistificação. Seus tanques lança-chamas não haviam evoluído desde o ano anterior. Eles se gabavam também de possuir uma metralhadora capaz de atirar três mil vezes por minuto. Pura invenção, mais uma vez! Eles não irão longe com mentiras como essas! A verdade virá à tona em breve".

Em 27 de novembro, não houve nenhum comunicado especial, mas sim um comunicado ordinário que se limitou a informar que a ofensiva continuava "nas mesmas direções".

No comunicado especial de 29 de novembro, soube-se que os russos estavam agora empenhados em consolidar o cerco em torno de Stalingrado e ampliá-lo nos locais mais frágeis.

O cerco do 6º Exército alemão em Stalingrado representava apenas uma parte de um plano muito maior, mas constituía a operação crucial, da qual todas as outras dependiam. Se ela tivesse êxito, o Cáucaso seria automaticamente libertado; era importante, então, tomar todas as precauções necessárias para que os alemães, ao deslocarem suas tropas, não enviassem muitos reforços para o sul. Essa tarefa ingrata ficou para as unidades russas da frente central. Por essa razão, os russos perseveraram firmemente em sua vã ofensiva contra Rzhev, com o objetivo de impedir os alemães de enviar unidades para Stalingrado a partir do trampolim de Moscou. Assim, as tropas da frente central se envolveram em uma última ofensiva contra Velikiye Luki, mais bem-sucedida, mas também extremamente complexa e ao custo de muitas vidas. Ao mesmo tempo, os russos lançaram uma nova ofensiva na região de Rzhev, abrindo uma brecha de 30 km nas linhas alemãs, a leste de Velikiye Luki, enquanto a oeste de Rzhev (eles não tentaram novamente o ataque central contra a cidade que tinha fracassado durante o verão europeu) abriram três brechas, respectivamente com 20, 17 e 10 km, avançando de 12 a 30 km em direção ao centro do "trampolim" de Moscou (isto é, o triângulo de Gjatsk-Viazma-Rzhev), invadindo locais ao norte e sul de Velikiye Luki.

A frente de batalha passava exatamente a leste de Velikiye Luki, o bolsão russo mais ocidental da frente central. Esses combates no centro da Rússia, próximos a Moscou, eram marcados por uma violência particular. O inimigo estava perdendo, como anunciou o comunicado especial de 28 de novembro que, ao mesmo tempo, mencionava a nova ofensiva sem mais comentários. Destacavam-se nela numerosos contra-ataques dos inimigos, e também que 10 mil alemães haviam sido mortos e 400 capturados.

Ao longo do mês de dezembro de 1942, a ofensiva foi ampliada. Até o dia 20, para dizer a verdade, o combate principal se estabeleceu nos entornos de Stalingrado, consolidando o cerco e repelindo as últimas tentativas alemãs de furar o cerco pelo sudoeste. Porém, em 20 de dezembro, foi iniciada a grande e nova ofensiva de Vatutin-Golikov em direção a Voronej e Kharkov. Em 25 de dezembro, os russos retomaram Nalchik (no Cáucaso) e, em 2 de janeiro, Mozdok.

Começou, então, uma extraordinária debandada de alemães, que fugiam do Cáucaso.

Na frente central, por outro lado, o avanço russo era lento e difícil. Visto em um mapa, não era nada impressionante. Velikiye Luki foi retomada apenas em 2 de janeiro, ao fim de um cerco longo e terrível, e foi preciso esperar a segunda quinzena de março para que o "trampolim" de Rzhev-Viazma-Gjatsk fosse liquidado.

Com o que se pareciam, então, as estepes nos arredores de Stalingrado durante essa primeira semana da ofensiva do exército russo?

A primeira reportagem significativa publicada na imprensa soviética da época, ainda que incompleta, foi a de Vassily Grossman, no *Estrela Vermelha* de 1º de dezembro de 1942. Grossman destacava, na ocasião, a grande importância da balsa que garantia a ligação, pelo Volga, com o sul de Stalingrado. Essa balsa, apesar de uma navegação que se tornara perigosa por causa dos blocos de gelo à deriva no rio, servia para abastecer o braço sul da "pinça" e evacuar para a retaguarda os feridos e os prisioneiros de guerra alemães. O artigo evocava, em seguida, o início da própria ofensiva, o depósito dos troféus de guerra em Abganerovo, a estação tomada desde a primeira incursão. Como conclusão, Grossman abordava a questão do moral das tropas soviéticas:

> O moral das tropas era excelente. O exército, do oficial superior até o mais simples combatente de base, tomou consciência de sua responsabilidade e do desafio da batalha que acontecia. Um espírito de eficiência rigorosa e de sobriedade estimula as ações dos oficiais. Os estados-maiores não têm descanso. Não há mais dia nem noite. A atividade do estado-maior acontece sem conflitos, com competência e rigor. As ordens são dadas com uma voz calma. Os oficiais de estado-maior são, contudo, constantemente submetidos a uma pressão extrema. O que realizamos é

> fora do comum; é incontestavelmente um sucesso, mas agora que o inimigo foi cercado, um pensamento obceca a todos: ele não pode escapar. Precisamos eliminá-lo, e nossos homens na frente de batalha se entregam de corpo e alma a essa tarefa. É preciso banir de nossas frentes qualquer fanfarronice, qualquer satisfação prematura. Temos a certeza de que a ofensiva final sobre Stalingrado estará à altura da defesa dessa cidade.

Grossman não diz, entretanto, que a maior parte dos prisioneiros que menciona em seu artigo eram romenos, e não alemães. Estes, com efeito, não se rendiam facilmente e lutavam de maneira feroz. Todavia, algumas dúvidas começavam a surgir nas frentes de batalha, até mesmo nas mentes mais lentas. A imprensa soviética, em 3 e 4 de dezembro de 1942, citava duas cartas escritas por soldados alemães que haviam sido interceptadas. A primeira, datada de outubro, apresentava um contraste surpreendente com a segunda, escrita um mês mais tarde. A primeira, de um certo Wilhelm Schusser, descrevia o destino terrível dos habitantes de Stalingrado, uma cidade em ruínas:

> É o maior desastre que já vi. Precisamos agradecer a Deus por nos ter poupado desse destino e de termos nascido alemães. Mas com os russos, não poderia ser diferente. O combate no qual nos envolvemos teve um final vitorioso. Um comunicado especial anunciará em breve a queda de Stalingrado.

Na segunda carta, Walz Gunther, soldado da 305ª Divisão de Infantaria, capturado pelos russos em Stalingrado, escrevia:

> Não temos roupas quentes para o inverno. Há apenas cinco pares de *valenki* por companhia – espécie de grandes botas de palha montadas sobre solas de madeira que não esquentam os

pés e com as quais é impossível dar dois passos. Fomos roubados, estamos condenados a morrer. Se não morrermos em combate, morreremos de frio.

Durante os dez primeiros dias de dezembro, os russos continuaram a ampliar e consolidar o cerco em torno de Stalingrado, a despeito dos frequentes contra-ataques alemães. Mas não há nada de especial para destacar. Os comunicados apenas reportavam cada vez mais aviões de transporte alemães abatidos, sendo que as tropas alemãs entrincheiradas em Stalingrado eram, agora, reabastecidas por aviões. No início, 500 voos por dia eram necessários para essa tarefa. Mas as baixas se tornaram rapidamente tão grandes que os alemães não puderam manter esse ritmo. Em 8 de dezembro, 29 Junker-52 foram abatidos; a partir de 10 de dezembro, foram abatidos em média 60 deles por dia.

Em 12 de dezembro, Von Manstein, comandante das tropas alemãs no Cáucaso do Norte, iniciou sua ofensiva a partir de Kotelnikovo na esperança de furar o cerco russo que encurralava os alemães em Stalingrado. Como vimos, essa tentativa fracassou. Mas enquanto essa vasta ofensiva – em grande parte um combate de blindados – ganhava amplitude, e seu resultado, ainda que provável, permanecia incerto, os russos preferiram manter silêncio. Foi apenas no fim de dezembro de 1942 que a população soube o que havia acontecido.

Em vez disso, anunciou-se em 20 de dezembro que uma nova ofensiva russa fora iniciada partindo de duas direções sobre toda a área do lado interno da curva do Don. Ao fim de alguns dias, os russos haviam conseguido cortar a ferrovia Rostov-Voronej, vital para os alemães. As tropas da frente sudoeste, conduzidas pelo general Vatutin, atacaram a partir de Bukovskaya, situada a cerca de 240 km a noroeste de Stalingrado. No mesmo momento, as tropas da frente de Voronej, comandadas pelo general Golikov, atacavam a partir de

Novaya Kalitva, bem mais a oeste, precisamente a sudeste de Rossosh. As cidades importantes situadas ao longo do Don – Novaya Kalitva, Kantemirovka (na ferrovia que liga Voronej a Rostov), Boguchar, Tally, Radchenskoye e Bukovskaya – foram tomadas, assim como duas outras localidades de menor importância. Em quatro dias, os russos capturaram dez mil homens, principalmente italianos e húngaros. Em 25 de dezembro, anunciou-se que as tropas do general Vatutin haviam entrado em território ucraniano.

Stalin e Molotov enviaram imediatamente mensagens ao Soviete Supremo da Ucrânia, ao governo ucraniano e ao Comitê Central do Partido Comunista da Ucrânia, sinal premonitório de uma iminente libertação de todo este país. Certamente, o caminho seria ainda mais longo e difícil até Kiev e Odessa, mas parecia se acreditar na honestidade desse tipo de mensagem.

A ofensiva Vatutin-Golikov levaria a resultados espetaculares em janeiro e fevereiro de 1943.

Em 26 de dezembro, anunciou-se o fracasso da ofensiva de Von Manstein e, no dia 29, a libertação de Kotelnikovo. Era agora momento mais propício para os alemães abandonarem o Cáucaso, pois a brecha de Rostov estava se fechando rapidamente.

Em 1º de janeiro, publicou-se um relatório (que citaremos mais adiante) da própria batalha, que tinha durado seis semanas.

Entre os correspondentes estrangeiros, Henry Shapiro, da *United Press*, foi o primeiro a chegar à frente de Stalingrado nos dias que se seguiram ao cerco dos alemães, deixando Moscou na última semana de novembro e retornando por volta de 12 de dezembro. Ele fez para mim, mais tarde, um relatório circunstanciado dessa viagem excepcional e me autorizou a citar algumas partes.

Shapiro fez essa viagem na companhia do coronel Tarantsev, em um vagão reservado aos oficiais engatado a um trem de munições que os levou a 150 km a noroeste de Stalingrado, de onde continuaram a viagem de carro até Serafimovich. À medida que se aproximavam de Stalingrado, a ferrovia era alvo constante de bombardeios. Todas as estações estavam destruídas e as operações eram dirigidas pelos chefes militares, entrincheirados em abrigos subterrâneos ou em prédios em ruínas. Ao longo da linha que levava a Stalingrado, escoava permanentemente um fluxo impressionante de homens e armamentos: *katyushas*, tanques, canhões e munições. Esse tráfico parecia não ter fim, nem de dia nem à noite. Nas estradas, assistia-se ao mesmo espetáculo. Durante a noite, o tráfico era particularmente intenso.

> Mas havia pouquíssimo equipamento inglês ou americano; de tempos em tempos, um jipe ou um tanque, mas, no total, 99% do equipamento era de fabricação soviética. Quanto ao abastecimento, encontravam-se sobretudo produtos oriundos dos acordos de *Lend-Lease*:* bacon americano, açúcar e conservas de *corned-beef*. Pensando nisso mais tarde, nunca observei um único caminhão americano em todo esse fluxo de circulação. O que os soviéticos haviam recebido na época tinha sido visivelmente poupado para mais tarde.

O trajeto de trem permitiu que Shapiro sondasse o moral dos soldados e oficiais. Todos os oficiais encontrados no trem esbanjavam otimismo e falavam apenas da tomada iminente de Rostov, assim como do avanço do exército russo em direção ao Dnieper. "Devo admitir que, no início, eu estava muito cético", reconhece Shapiro.

Serafimovich, com a cabeça de ponte situada na margem direita do Don, foi retomada pelas forças soviéticas no início do mês de outubro de 1942. Foi daí que partiu a ofensiva de 19 de novembro.

---

* N.T.: *Lend-Lease* foi um programa de empréstimo de suprimentos e armas assinado entre os EUA e Aliados.

> A região é muito arborizada e foi por isso que, nas primeiras semanas da ofensiva, os russos haviam concentrado nela muito material militar. O setor em frente a Serafimovich, onde estavam os russos, era mantido pelos romenos. Em 19 de novembro, no espaço de apenas algumas horas, os russos destruíram as defesas inimigas e os romenos começaram a se render em massa.

Após ter descrito a estrada que leva a Serafimovich, ao longo da qual, apesar da tempestade de neve que a tornava quase impraticável, continuava a escoar incessantemente o fluxo do tráfico militar, Shapiro conta como atravessou o Don em uma ponte móvel. Nos quatro dias em que esteve na linha de frente, o mau tempo impediu os voos, o que afastava provisoriamente qualquer perigo de bombardeio sobre o pontão. O Don ainda não estava congelado naquele momento. Serafimovich era uma cidade totalmente cercada pelos militares. Não se encontrava mais nenhum civil nela, exceto os funcionários do Voyentorg. Até alguns dias antes, Serafimovich abrigava o quartel-general de Vatutin, mas agora este estava instalado mais a oeste. Ele preparava a ofensiva que estabeleceria um segundo cerco em torno de Stalingrado.

> Encontrei o general Rogov, chefe do Departamento Operacional no setor de Vatutin, que me mostrou o mapa das operações – um formidável segredo naquele momento –, como eles esperavam fechar o cerco em torno de Stalingrado e como aconteceria a operação. Estava claro, segundo o mapa, que os alemães estavam totalmente cercados e não teriam como escapar. Em suma, eu percebia nos oficiais e nos soldados um sentimento de confiança como jamais havia observado no Exército Vermelho anteriormente. Bem diferente da Batalha de Moscou. Do outro lado do Don, bem atrás das linhas rus-

sas, havia ainda milhares de romenos que percorriam a estepe, amaldiçoando os alemães e procurando desesperadamente se alimentar onde os russos vinham se abastecer. Ali eles eram mais bem alimentados que os próprios soldados russos. Alguns chegavam em pequenos grupos, sem escolta, até esses pontos de abastecimento, ou então via-se uma fila de duzentos a trezentos romenos escoltada por um artilheiro russo. Tudo o que queriam era se tornarem formalmente prisioneiros. É verdade, disse Shapiro, que havia exceções. Alguns pequenos grupos pertencentes à Guarda de Ferro romena ainda se esconderiam, durante algum tempo, nas florestas e ravinas, e atacariam soldados russos isolados.
Falei com centenas de prisioneiros romenos; todos eles dizem a mesma coisa: essa guerra não é deles, foram obrigados a isso por Antonescu; os russos e os romenos nunca foram inimigos, e os romenos não têm nada que estar no Volga.
Um grande número desses retardatários solitários se colocava à mercê dos camponeses russos. Quando perguntei a estes por que os alimentavam, todos me responderam: "São pobres camponeses como nós, eles não têm culpa. A culpa é de Hitler! Certamente, se eles fossem alemães, isso seria diferente. Nós não lhes daríamos nada para comer".
Tive, diante de mim, um monte desses fascículos que são dados para as tropas romenas lerem: eles são cheios de invenções sobre a nacionalização das mulheres na URSS e a perseguição da qual a Igreja é vítima, ainda que a primeira coisa a ter impressionado os romenos foi o número de igrejas em quase todos os vilarejos e a solidez dos laços familiares.

De Serafimovich, Shapiro se aproximou de Stalingrado pelo sudeste e levou dois dias inteiros para localizar os quartéis-generais do 13º Exército, comandado pelo general Chistiakov.

Quanto mais me aproximava de Stalingrado, maior era o número de alemães. Apenas o setor de Serafimovich, onde havia ocorrido a principal incursão, era mantido pelos romenos. Mas, a sudeste de Serafimovich, havia apenas alemães.
O espetáculo era assustador. Toda essa maldita estepe estava coberta por cadáveres de cavalos; alguns animais agonizavam, ainda de pé sobre três patas congeladas, e agitavam a quarta, quebrada. Era de partir o coração. Durante a incursão russa, dez mil cavalos haviam sido mortos. Toda a estepe estava coberta por esses cadáveres, por pedaços de canhões quebrados, tanques e peças de artilharia de todas as origens – alemã, francesa, tcheca e até mesmo britânica (peças possivelmente pegas em Dunquerque)... E a perder de vista jaziam cadáveres de soldados romenos e alemães. Em cada vilarejo eram abertos cemitérios para enterrar os alemães. Os civis voltavam para suas casas em cidades cuja maior parte estava quase completamente arrasada. Kalach não passava de escombros. Uma única casa estava em pé.
No quartel general, encontrei o comandante, um coronel professor de Filosofia na Universidade de Kiev, e passamos parte da noite conversando sobre Kant e Hegel.

Enfim, a cerca de 80 km ao sul de Kalach, Shapiro finalmente conseguiu encontrar o general Chistiakov.[3]

Já estávamos na frente de batalha propriamente dita, em meio a bombas. A artilharia havia tomado posição de ambos os lados. O general estava cercado por outros oito generais. O tenente-general Chistiakov, de origem camponesa, era um homem elegante, com grande senso de humor. Os outros generais estavam, como ele, de ótimo humor. Serviram-nos no jantar sardinhas portuguesas, limões italianos, champanhe francês, cigarros búlgaros e romenos. Quase toda a comida e bebida eram provenientes dos "espólios de guerra". Segundo Chistiakov, alguns dias antes os alemães não teriam tido nenhuma dificuldade para sair de Stalingrado, mas Hitler se opôs a isso formalmente. Os alemães esperavam visivelmente que as coisas acontecessem como em Staraya Russa, na primavera de 1942, onde enfim haviam conseguido furar o cerco e escapar da cilada. Mas Chistiakov tinha certeza de que isso não se repetiria e que Stalingrado seria tomada perto do fim de dezembro.

Os aviões de transporte alemães, continuou Chistiakov, eram abatidos às dezenas, e os alemães presos no bolsão de Stalingrado já estavam sem comida. Eles comiam os próprios cavalos.

Chistiakov já esperava o início da ofensiva na direção sudoeste. Segundo ele, os russos estavam prontos. Acrescentou: "Quanto mais combatentes alemães houver, melhor será, pois todos eles perecerão". Os russos alimentavam o otimismo de tal forma que alguns generais deixavam entender que o Exército Vermelho venceria sem nenhum auxílio exterior e poderia evitar uma "segunda frente de batalha".

Os prisioneiros alemães que Shapiro encontrou eram quase todos jovens com idade entre 19 e 20 anos, com aparência muito miserável. Ele não viu, contudo, nenhum oficial. Em uma temperatura de trinta a quarenta graus abaixo de zero, eles vestiam capotes comuns e cobertores enrolados em torno do pescoço. Não estavam de nenhuma maneira equipados para enfrentar os rigores do inverno, enquanto os russos estavam muito bem calçados com *valenki*, casacos de pele de ovelha, luvas quentes etc.

Sobre isso, Hanson Baldwin riu de mim. Não era de se surpreender para quem o conhecia. Moralmente, os alemães estavam completamente atordoados e, além disso, esfomeados

e trêmulos de frio. Não conseguiam entender o que estava acontecendo com eles.
— Em que tipo de veículo vocês viajavam?
— Um Ford alemão. Meu motorista era siberiano. Um durão, um fenômeno! Todo tipo de peça estava faltando quando encontrou o veículo, mas ele o remendou e cada vez que passávamos diante de um veículo abandonado, procurava peças faltantes para completar seu remendo. Era assim antes do jipe.

Em Serafimovich, na volta, Shapiro encontrou Vatutin por alguns minutos em uma escola desativada, às 4 horas da manhã. Havia um fogão a lenha no recinto que, pelo menos, estava aquecido.

Vatutin estava exausto. Ele não dormia há 15 dias por assim dizer. Esfregava os olhos e bocejava a todo instante. É difícil, então, dizer que tipo de pessoa ele era exatamente. Mas dava a impressão de ser tenaz, determinado e cheio de otimismo. Mostrou-me um mapa sobre o qual estava claramente indicado o grande avanço dos russos na região oeste do Don.
De volta a Moscou, escrevi: "Os alemães estão perdidos" e apresentei essa batalha como um momento decisivo no desenvolvimento dessa guerra. Minha entrevista com os generais confirmou essa ideia. Os censores se mostravam muito prudentes e não foi fácil lidar com eles. Todavia, fiquei com uma impressão realmente otimista.

Shapiro teve a impressão de que, embora a tomada de Serafimovich em outubro tenha causado aos russos grandes baixas, essa última incursão havia custado a eles menos homens do que aos romenos e alemães. Ele chegou aos campos de batalha ao sul de Serafimovich pouco após os combates e viu entre os inúmeros cadáveres de alemães apenas alguns poucos russos. Mas, quando o primeiro grupo de generais romenos foi cercado com o auxílio dos cossacos, eles quiseram saber as condições de sua capitulação. Vatutin enviou-lhes mensageiros. Justamente no momento em que os russos estavam prestes chegar a um acordo, os alemães intimaram os romenos a resistir. Os generais decidiram, então, "continuar o combate". Porém, logo depois, mensagens anunciaram que os romenos se rendiam em massa. A capitulação se tornava inevitável.

O que acontecia dentro da cidade durante esse período?

Em 18 de dezembro, lia-se no *Estrela Vermelha*:

> As características dos combates dentro de Stalingrado mudaram completamente. Tendo sofrido muito em outros setores da frente de batalha, o inimigo fora obrigado a passar à defensiva. Presos nos prédios das fábricas, os alemães ainda tinham esperança de manter as posições conquistadas mais cedo e se defendiam ferozmente. Serpenteando pelos campos, pelos jardins das cidades operárias, pelos cais e oficinas das fábricas em ruínas, a frente de batalha desenha uma linha sinuosa curiosa. As trincheiras, dos dois lados da frente de batalha, quase se encontram em alguns pontos. Os imóveis - ou o que resta deles - estão cercados por arame farpado que também obstruem ruas e estradas. É difícil reconhecer o que quer que seja. Os alemães construíram uma temível linha de frente com tamanho imponente: ela é toda demarcada por um sólido sistema de fortificação - diversas fileiras de arame farpado, *bunkers*, fortificações de terra e de madeira, minas, prédios transformados em fortalezas.
>
> São encontradas fortificações semelhantes atrás da linha de frente com inúmeros pontos de tiro que permitem abrir fogo em diversas direções. Mas não se observa atividade intensa do lado alemão nesses dias. Eles permanecem abrigados e seus

ataques são esporádicos e de baixa amplitude. À noite, eles iluminam a frente de batalha com sinalizadores. Contudo, se defendem quando os atacamos e sempre demonstram grande belicosidade para retomar uma posição quando a perderam. Normalmente, os combates se limitam a zonas minúsculas, mas nem por isso são menos ferozes e funestos, realizados com o auxílio de uma grande quantidade de armas automáticas, granadas, morteiros leves, metralhadoras, sem contar, às vezes, as baionetas e facas nos combates corpo a corpo.

Nossas frequentes barragens de artilharia lhes causam grandes baixas. Se, no passado, os alemães desdenhavam as perdas que sofriam, agora que seus efetivos estão diminuindo, eles estão se preocupando mais com isso. Eles construíram um grande número de abrigos em que é possível se aquecer. Com frequência, recorrem às cortinas de fumaça.

Vivemos também a maior parte do tempo escondidos sob a terra e nossos soldados em missão de reconhecimento cavam galerias secretas para chegar até as posições alemãs e explodi-las por baixo. Depois, a infantaria abre uma passagem por cima dos escombros e realiza uma incursão por dentro das linhas inimigas. Nossos grupos de elite têm uma missão difícil e trabalham incansavelmente; eles conseguem desmantelar a linha de defesa alemã e desorganizar seu sistema bem coordenado de artilharia. A brecha assim aberta permite a nossos homens avançar e, passo a passo, as defesas do inimigo são aniquiladas.

A situação era bastante clara. As defesas alemãs em Stalingrado eram colossais e era inútil querer rompê-las; ou, mais exatamente, isso teria sido possível se os russos estivessem dispostos a pagar o preço em vidas humanas. Mas isso não era mais necessário. Com efeito, o 62º Exército tinha apenas de esperar o cerco que encurralava os alemães posicionados à frente deles se fechar por trás. Contudo, era importante manter os alemães constantemente em alerta a fim de que evacuassem a menor quantidade de tropas possíveis dessa famosa linha ao longo do Volga. Perto do fim do mês de dezembro, entretanto, a linha alemã dentro de Stalingrado havia sido bastante invadida. Mais e mais *bunkers*, trincheiras e outros pontos de tiro haviam sido tomados pelos russos, que, a despeito disso, permaneceram "cercados" pelos alemães quase até o fim. Os alemães estavam, por sua vez, cada vez mais cercados pelos russos do "lado de fora".

Por todo lugar, os combates eram de uma ferocidade e violência que desdenhavam as velhas regras de conduta militar.

> "Responder à astúcia do inimigo com astúcia", lia-se no *Estrela Vermelha* de 3 de dezembro, "responder a seus artifícios com artifícios". Os alemães são inimigos pérfidos que não respeitam nada e ignoram as regras e tradições da guerra. Relatam-se inúmeros casos em que eles vestiram o uniforme do Exército Vermelho e utilizaram emblemas russos em seus aviões e tanques. Às vezes, fingiam se render, levantando os braços e, quando nossos soldados, confiantes, aproximavam-se, eles os abatiam. Todos os meios são então válidos para eliminar um inimigo desses. Como Ognev disse na peça de Korneichuk, *A Frente*, "seria burrice lutar respeitando o código de honra militar com inimigos tão desleais".

"Espírito de ofensiva" e galões dourados

A campanha realizada no Exército Vermelho para promover uma "disciplina rigorosa" e o "culto ao uniforme" foi reforçada. O desleixo e o "amadorismo", incompatíveis com o espírito de disciplina do exército, foram condenados. Assim, o *Estrela Vermelha* publicou um artigo que desaprovava firmemente a aplicação, em vigor em algumas unidades do exército, do princípio de "emulação socialista". Citava-se principalmente um documento que circulava nessas unidades, no qual cada soldado se comprometia a destruir um tanque e três posições de tiro nos combates futuros; a cavar trincheiras em tempo recorde; a observar a disciplina militar; a seguir à risca as ordens dos oficiais; a fazer a manutenção das armas que lhe haviam sido confiadas. Lia-se no *Estrela Vermelha*:

> Estamos surpresos que o tenente Krasavin e seu comissário político Evseiev não tenham percebido ainda que esse tipo de prática nada tem a ver com obrigações que um combatente determina espontaneamente e por escolha pessoal. Elas são apenas o dever militar. Já é tempo de compreendermos que não há lugar para a emulação socialista no Exército Vermelho.

Esse tipo de comportamento talvez fosse aceitável durante a guerra civil, mas o exército havia mudado.

Durante a fase final da Batalha de Stalingrado, o Exército Vermelho continuou na trilha das mudanças introduzidas ao longo do verão anterior. Os símbolos da autoridade militar, da honra e da tradição foram muito valorizados. O Exército Vermelho entrava visivelmente na fase ofensiva da guerra e colocava no centro de suas preocupações as regras militares tradicionais que excluíam o acaso e o improviso.

O *Estrela Vermelha* publicou, em 6 de janeiro de 1943, um artigo particularmente significativo. O autor, major Zotov, escrevia: "A fase defensiva, mesmo em um longo período, pode ser apenas temporária, pois sem operações ofensivas decisivas o inimigo não poderia ser eliminado. Essa consideração deve se tornar a base da formação dispensada a nossos combatentes do Exército Vermelho atualmente". Ele continuava com a análise detalhada das instruções dadas por um comandante à sua companhia para destruir uma posição inimiga.

> O tenente Gorokhov avança com a primeira seção; o instrutor do Partido Comunista Alifamov conduz a segunda seção. O objetivo dessas duas seções é encorajar os soldados por meio de seu exemplo pessoal ao avançar estoicamente. Coloco o comunista Nikichov na retaguarda da primeira seção. O candidato ao Partido, Morkovnikov, na retaguarda da segunda seção, e o instrutor do Partido, Olguin, na retaguarda da terceira. O objetivo é impedir os soldados de fugirem no momento em que as tropas se aproximam do inimigo. Esse plano será comunicado à companhia cinco minutos antes do ataque. Se há um encontro com o inimigo no caminho, os comunistas citados acima reiteram imediatamente a ordem do oficial de seguir em frente. Após a tomada da posição inimiga, será organizada uma curta reunião para explicar o sentido da operação.

O major Zotov, apesar de aprovar esse plano, considerava-o incompleto, pois diversos soldados da companhia em questão, que não pertenciam ao Partido, mas que haviam, entretanto, sido condecorados por sua coragem e com os quais se podia contar absolutamente, não estavam encarregados de treinar os outros soldados, como deveriam ter feito.

A partir desse pequeno exemplo, é possível julgar o trabalho meticuloso dos oficiais para formar cada combatente. O comando militar era assistido nessa missão pelos comunistas e pelo aparato de segurança encarregado do monitoramento do moral das tropas. De fato, a coragem e o entusiasmo não eram adquiridos de uma hora para outra!

Assim, via-se como o "espírito ofensivo" das tropas era "estimulado" de diversas maneiras, sem contar que, naquele momento, o Exército Vermelho tinha ainda pouca experiência em operações ofensivas.

Da mesma maneira, o Exército Vermelho dava muita importância à "preocupação paternal" – como era chamada – manifestada pelos oficiais com seus homens. A despeito da retórica do *Estrela Vermelha* no editorial de 14 de janeiro de 1943, tratava-se mais de eficácia do que de afeto, pois um soldado bem alimentado sempre vale mais do que um soldado de barriga vazia.

> Mesmo nas condições mais hostis, é sempre possível criar condições de vida mais ou menos aceitáveis para o combatente: garantir que ele tenha refeições quentes, que possa, de tempos em tempos, dormir abrigado, que esteja bem vestido e calçado no inverno. Antes de um ataque, um oficial deveria sempre se esforçar para oferecer a seus homens um momento de repouso ou sono. Um oficial consciente de seu dever jamais deveria se sentar à mesa sem antes ter certeza de que seus homens receberam sua ração [...]. Em um grande número de unidades, há uma regra tácita de que os feridos sejam evacuados para a retaguarda em qualquer veículo disponível, sem esperar a chegada das ambulâncias destinadas a esse uso [...]. O Exército Vermelho tem prioridade em todas as coisas e nada deve ser concedido a ele a contragosto. Os víveres devem ser encaminhados para a frente de batalha de maneira regular e sem sobressaltos. Os oficiais devem zelar para que cada soldado receba sua ração corretamente. Essa é uma regra absoluta que não tolera nenhum desvio.

Fato notável, o exército russo, durante a Segunda Guerra Mundial, diferentemente do que se aconteceu em 1914-1918, estava em geral bem alimentado. Certamente, houve escassez provocada por dificuldades de transporte, sobretudo quando as unidades estavam muito isoladas, mas, no geral, comia-se melhor no exército do que em qualquer outro lugar na União Soviética, inclusive durante os anos críticos 1941-1942, quando um grande número de citadinos passou fome. Em 1943, a situação melhorou ainda mais com a chegada de víveres americanos a título de *Lend-Lease*.

Outras mudanças ocorreram na aparência externa do exército.

O galão de ouro no Exército Vermelho data da Batalha de Stalingrado. Não era ferro branco barato como as condecorações exibidas pelos oficiais romenos. Essa insígnia era uma distinção coletiva para recompensar tropas que haviam demonstrado seu valor em combate. Foi reintroduzida, ao mesmo tempo, toda uma série de tradições militares caídas em desuso. Assim, em virtude de um ucasse* do Presidium do Soviete Supremo, em 21 de dezembro de 1942, as unidades do Exército Vermelho receberam uma nova bandeira conforme regras muito mais solenes e coercivas do que as antigas.

Lia-se no editorial do *Estrela Vermelha* de 23 de dezembro de 1942:

> A bandeira de guerra é sagrada. Quando recebem sua bandeira, as unidades devem se submeter a um ritual bem definido. Após os cumprimentos apresentados pelo representante do Ministério da Defesa, o comandante deve se ajoelhar ao mesmo tempo que todos os seus homens e, então, beijar a bandeira três vezes. Uma vez em pé, o comandante deve prestar juramento em nome de toda a unidade. Depois disso, os homens se levantam. O oficial toma, então, a bandeira das mãos do porta-bandeira, enquanto a orquestra inicia *A Internacional*.

---

* N.T.: De acordo com o *Dicionário Houaiss*, trata-se de um decreto ou sentença emitida pelo czar, na Rússia imperial.

O oficial, os suboficiais e o porta-bandeira desfilam diante da tropa alinhada em uma fileira. Diferentemente das guerras de outrora, a bandeira não deve ser retirada durante a batalha, mas mantida no quartel general, ao alcance das operações militares. A unidade que perde sua bandeira por covardia será dissolvida e desaparecerá junto com a bandeira.

A introdução das dragonas fazia parte da mesma lógica do renascimento da tradição militar. Dragonas com listras coloridas e insígnias para os soldados e suboficiais; dragonas ornamentadas com ouro e prata para os oficiais. Os jornais de 7 e 17 de janeiro de 1943 lembravam mais revistas de moda do que jornais comuns. Os primeiros reproduziam 28 modelos diferentes de dragonas; já os de 17 de janeiro apresentavam os novos modelos de uniformes.

A introdução das dragonas para todos os membros do Exército Vermelho é um acontecimento excepcional destinado a aumentar ainda mais o espírito de disciplina no exército e seu espírito combativo. Dragonas com insígnias claramente identificáveis permitem diferenciar à primeira vista os oficiais, assim como sua patente. Como Frunze[4] disse certa vez: "A atenção dada aos sinais externos e à vestimenta dos oficiais e dos soldados não deve ser considerada inútil e contrária ao espírito revolucionário. É absurdo pensar assim. A aparência exterior do soldado reflete sua disciplina interior".
Não podemos permitir que um soldado e muito menos um oficial tenha uma vestimenta desleixada e desalinhada. Ele deve também saber saudar seus superiores. A aparência impecável de uma unidade tem um efeito excelente sobre o moral de todos [...]. O uso das dragonas, ao lembrar o pertencimento ao valente Exército Vermelho, deve inspirar em cada soldado e oficial um sentimento de orgulho de si e de seu exército.

Essa reforma, que acontecia pouco antes da debandada final dos alemães, não poderia ter vindo em melhor momento.

No mesmo dia, A. Krivitsky, um antigo oficial do exército czarista que havia iniciado com o tenente-general Ignatiev e outros oficiais da antiga geração esse "retorno à elegância" no exército russo, escrevia no *Estrela Vermelha*:

> Os novos uniformes de nossos oficiais e nossos soldados atingem um grau de elegância indispensável à boa aparência de nosso exército. O uso da dragona tradicional, que acaba de ser introduzido no meio da Grande Guerra patriótica, marca a permanência da glória dos exércitos russos através de nossa história nacional, das origens até os dias atuais.

É verdade que, em 1944-45, seria retomada a ideia de que o Exército Vermelho fazia parte da continuidade do exército czarista. Dessa maneira, ele teria herdado, de uma só vez, sua incompetência e falta de organização crônica. Porém, ao fim de 1942 e em 1943, tinha-se mais tendência a destacar o lado valente do combatente russo – ainda que, ao longo do primeiro conflito mundial, este tenha tido apenas uma vaga ideia da razão pela qual combatia – e a colocar em evidência a excelência dos oficiais superiores que, a exemplo do general Brusilov,[5] haviam conseguido vitórias surpreendentes durante a Primeira Guerra Mundial, a despeito da incompetência, corrupção, até mesmo da traição que reinavam no estado-maior. Brusilov tinha, além disso, a vantagem de ter se aliado ao novo regime bolchevique e não ter ficado, como a maior parte dos oficiais de seu escalão, do lado dos Brancos.

Krivitsky explicava também, em seu artigo, por que, em um primeiro momento, o Exército Vermelho havia afastado a possibilidade do uso de dragonas:

Após a Revolução de Outubro, quando a classe reacionária dos oficiais se armou contra o regime soviético, o jovem Exército Vermelho se recusou a usar o uniforme de seus inimigos de classe. Porém, desde então, muitas águas rolaram. O Exército Vermelho cresceu e amadureceu. Seus comandantes são oficiais talentosos. E, agora, o país inteiro os homenageia, dando-lhes condecorações que enfeitavam os uniformes dos bravos combatentes das guerras de 1812, 1854 e 1914 [...]. O culto ao uniforme é, como se sabe, algo sagrado para os oficiais. A honra do uniforme transcende as épocas, pois, intensificada pelas façanhas daqueles que o vestiram, esse uniforme atravessará os séculos.

O uso das dragonas reforçará necessariamente a disciplina. Enquanto uma total igualdade regulamenta hoje as relações sociais entre oficiais e simples soldados, as dragonas têm como objetivo destacar – ainda mais do que no passado – o papel de cada escalão e aumentar, assim, sua autoridade tanto quanto sua responsabilidade no resultado do combate.

Posteriormente, a regulamentação sobre a boa aparência dos oficiais seria reforçada. Por exemplo, eles não poderão carregar pacotes grandes nas ruas ou ir ao teatro calçando botas. O alto escalão também não terá autorização para andar de bonde ou metrô.

No exterior, a importância dessas medidas não foi imediatamente compreendida. Assim, quando o exército soviético encomendou da Grã-Bretanha trinta mil metros de galões de ouro e de prata, essa encomenda foi considerada – em um primeiro momento, pelo menos – inconsequente, frívola, até mesmo indecente "em tempos de guerra". Na realidade, esse pedido era justamente muito importante porque se estava em guerra!

O Exército Vermelho contra-ataca

Obrigado à Revolução

Quais eram os principais temas desenvolvidos pela propaganda durante a ofensiva de Stalingrado e as etapas finais da batalha?

Em um primeiro momento, a propaganda permaneceu bastante prudente, ainda que se tivesse a impressão de ter ocorrido uma reviravolta na guerra. Em 4 de dezembro de 1942, Ilya Ehrenburg escrevia:

> Os alemães decididamente não têm sorte. No início, ficaram sabendo da formidável campanha de Rommel na África do Norte. Depois, descobriram que os americanos também estavam interessados na África. Agora, anunciam-lhes "grandes batalhas defensivas na curva do Don e em Velikiye Luki". Eles bateram perna por metade da Europa. Por muito tempo, esbaldaram-se impunemente com o pão dos outros povos, embriagaram-se com seu vinho e riram de suas desgraças. Por muito tempo, assassinaram, fuzilaram, enforcaram e torturaram com uma extraordinária segurança. Agora, não sabem mais a que santo recorrer e, consternados, tentam em vão compreender o que está acontecendo.

Repetia-se com frequência na imprensa desse período que isso era apenas o começo, como no *Estrela Vermelha* de 5 de dezembro de 1942, dia do aniversário da adoção da Constituição Stalinista.

> Sobrevivemos, lia-se, à dura provação do verão europeu de 1941 e, no inverno seguinte, nossos inimigos pagaram caro. Também superamos as provações do verão de 1942. Agora, é nossa vez de triunfar sobre os alemães e infligir a eles derrota em cima de derrota. A desgraça não nos destruiu. Os ataques iniciados em Vladikavkaz, Stalingrado, Rzhev e Velikiye Luki

são o prelúdio de nossas vitórias futuras. Hoje, somos sólidos como a rocha, como uma mola de aço que vai dar o golpe de misericórdia no inimigo com uma força dez vezes maior [...]. Os alemães fracassaram em nos vencer, pois fazemos parte do povo soviético.

Entretanto, grande parte do país estava ainda nas mãos dos alemães, e o estado do país inspirava na imprensa, às vezes, um sentimento de piedade, como no telegrama enviado por Konstantin Simonov da Frente Central, no qual ele relatava todos os horrores da guerra e terríveis perdas sofridas pelos combatentes soviéticos para um ganho territorial irrisório. Simonov havia assistido à devastação dessas terras reconquistadas que os alemães haviam saqueado sistematicamente e que eram, agora, obrigados a abandonar. Ao tomar essa estrada que ligava Rzhev a Moscou, repleta de troncos de árvores derrubadas e ao longo da qual inúmeras ambulâncias faziam um sinistro vai e vem, Simonov dava livre curso à emoção: "Rússia, terra de sofrimentos! Quanto tempo será preciso para que tuas feridas fechem? Quantos anos para que teus pedreiros e carpinteiros com mãos de ouro reconstruam tudo o que foi destruído?" (*Estrela Vermelha*, 5 de dezembro de 1942).

Com certeza, a tarefa seria difícil, extremamente difícil. Ainda que, em teoria, a Batalha de Stalingrado já estivesse ganha e que as tropas de Vatutin, após terem atravessado o Don, tenham entrado na Ucrânia, os artigos redigidos próximos da virada do ano de 1943 não esbanjavam otimismo, o que teria sido, de fato, irresponsável. "A vitória não será fácil", lia-se no *Estrela Vermelha* de 2 de janeiro de 1943. "Os alemães compreendem agora que cada passo que dão para trás aproxima o estado nazista da catástrofe final. É uma luta pela vida, pela morte. O ano de 1943 será difícil e funesto, mas este será, para nós, o ano da vitória."

Talvez não se esperasse que esse discurso fosse levado ao pé da letra. Entretanto, enquanto a ofensiva Golikov-Vatutin dava resultados espetaculares e o Exército Vermelho acabava de aniquilar os alemães em Stalingrado, um imenso orgulho nacional crescia e se expressava, especialmente por meio da voz do escritor Alexei Tolstoi:[6]

> Os alemães não entenderam que a Batalha de Moscou não tinha sido somente um simples acidente da História. Ao nos declarar guerra com sua conhecida arrogância, os alemães talvez soubessem de todos nossos pontos fracos, mas ignoravam – ou queriam ignorar – todos nossos pontos fortes. E isso seria fatal para eles. Nossa força é sermos russos! Graças à Batalha de Moscou, o soldado russo tomou consciência de que ele era mais forte, mais bravo, mais inteligente e mais astuto que o alemão [...].

Em seguida, Alexei Tolstoi fazia uma profecia que se mostraria errada porque seu conhecimento do nazismo não era suficiente e porque não fazia a distinção entre Hitler e os generais perspicazes que, em julho de 1944, perpetrariam um atentado contra seu Führer.

> É difícil dizer onde a catástrofe ocorreu. Talvez no Dnieper ou na Polônia. Mas uma coisa é certa: os alemães não irão querer combater em seu próprio território. Eles não têm a impetuosidade necessária para conduzir uma guerra patriótica. Esta exige qualidades humanas diferentes das suas, assim como psicologia e objetivos diferentes: não a avidez feroz do malfeitor, mas a fúria de nossa santa ira russa.

Evidentemente, não é necessário dizer que essa abordagem nacional, até mesmo nacionalista, como expressada por Tolstoi, estava longe de ser compartilhada por todos. Uma temática mais propriamente soviética foi bastante desenvolvida por ocasião do 19º aniversário da morte de Lênin, em 21 de janeiro de 1943.

É verdade, contudo, que mesmo essa temática soviética era sustentada por uma grande dose de nacionalismo, como mostra este artigo de Mitin, um dos principais ideólogos do Partido:

> Além de ser o líder incontestável dos trabalhadores do mundo inteiro, Lênin era um grande patriota. Ele amava profunda e perdidamente seu povo. Era ligado à língua russa e a tudo o que havia de progressista na cultura e na história da Rússia. Tinha muito orgulho da ideia de que seu povo estava construindo um grande Estado poderoso e de que havia conseguido, ao longo dos séculos, defendê-lo e salvaguardá-lo de todas as invasões estrangeiras.

Lênin, de quem Mitin citava as falas, tinha, na realidade, dito algo um pouco diferente: "A Rússia que se libertou e atravessou os tormentos da Revolução Soviética: é essa Rússia que defenderemos até o nosso último suspiro".

Durante a comemoração que ocorreu nesse mesmo dia em Moscou, na presença de Stalin e da maior parte dos outros membros do Politburo, Shcherbakov[7] – sobre quem a revista do Partido, *Bolchevik*, dirá em seu funeral que tinha a coragem de defender a pureza da doutrina marxista-leninista – insistiu, em seu discurso, bem mais nas vitórias recentes do Exército Vermelho do que na obra de Lênin. Ele estabeleceu uma relação entre os dois apenas em termos muito gerais, destacando a extrema importância de terem sido bem executadas as medidas iniciadas pelo Partido, como, por exemplo, a organização da retaguarda, considerada capital.

Nenhum outro Estado, além da União Soviética, poderia ter feito isso, assim como nenhum outro país poderia ter enfrentado os massacres perpetrados pelos alemães como o povo soviético havia feito.

Tanto no Cáucaso Norte quanto em Stalingrado, os alemães foram levados a recuar 300 km. Contudo, em 30 de setembro de 1942, Hitler havia declarado: "Nossos soldados estão bombardeando Stalingrado. Tenham a certeza disso. Tomaremos essa cidade e, uma vez conquistada, ninguém mais poderá nos tirar dela". Atualmente, ironizava Shcherbakov, os alemães estariam muito felizes em poder sair dela, mas isso não dependia mais deles mesmo. Goebbels disse há algum tempo: "No próximo inverno, o Exército Vermelho não representará mais um perigo para nós!". Mas um comunicado mais recente revelava que, em Berlim, sabia-se que as tropas alemãs estavam reduzindo de maneira considerável a extensão da frente de batalha, conforme as instruções que haviam sido dadas de se retirarem de algumas de suas posições avançadas. Combates aconteciam nesse momento no Don. As tropas soviéticas haviam tido algum sucesso, mas tudo isso seguia a estratégia do alto-comando alemão! [*Gargalhadas na sala*]. Ao publicar esses disparates, continuava Shcherbakov, o comando alemão tratava seus leitores como imbecis.

Em tal contexto, esse discurso pronunciado por um alto dirigente do Partido era uma espécie de relatório sobre a situação geral.

Na segunda parte do discurso, Shcherbakov evocava o papel da retaguarda: "Nossa retaguarda, bem organizada, sem a qual, como dizia o próprio Lênin, não pode haver um verdadeiro exército".

Na época da Batalha de Stalingrado, os dirigentes do Partido colocavam todos a par dos êxitos do país em sua reconstrução e dos progressos da indústria de guerra e de transportes. Insistiam, também, no contraste surpreendente, a esse respeito, entre essa guerra e a Primeira Guerra Mundial, e viam claramente a razão de ser e a justificativa definitiva do regime soviético.

Assim, os novos institutos de formação de administradores de economia e transportes criados pouco tempo antes da guerra, por iniciativa pessoal de Stalin, haviam fornecido aos setores da indústria e dos transportes quase um milhão de novos operários e administradores qualificados. A emulação socialista dava seus frutos, afirmava Shcherbakov. Além disso, para compensar parcialmente a perda temporária da Ucrânia e do Kuban, as autoridades haviam estendido de maneira considerável as superfícies cultivadas no leste do país. O Estado podia se vangloriar pelo sucesso do sistema kolkhoze, "pois", explicava Shcherbakov, "com pequenas propriedades individuais, nunca se teria chegado a esse resultado". Ele acrescentava que o prestígio do Partido Comunista era maior do que nunca: somente durante o ano de 1942, 1.340.000 de soviéticos haviam aderido a ele.

Shcherbakov concluía assim seu discurso:

> Os bolcheviques não estão sujeitos à depressão nem ao pânico quando as coisas vão mal. Da mesma maneira, o sucesso não lhes sobe à cabeça. Mas não há dúvidas de que nosso povo, que enfrentou os alemães como nenhum outro, será capaz de se livrar do invasor fascista e seus aliados. Devido ao seu sucesso, o Exército Vermelho ganhou a simpatia de todas as nações que amam a liberdade – a simpatia e o maior respeito –, pois é ele que carrega todo o peso da guerra contra a Alemanha nazista e seus aliados [...]. Como sempre, o grande Lênin tinha razão quando dizia que um povo que experimentou o sabor da liberdade, que instaurou seu próprio governo popular e que tem

> vontade e força para defender seus grandes e nobres ideais sairá vitorioso de qualquer combate, por mais desgastante e difícil que seja, e por maior que sejam a crueldade e a ferocidade do inimigo.

Shcherbakov, que era um dos dirigentes soviéticos mais desconfiados em relação ao Ocidente, não mudou de orientação política durante as semanas que viram a vitória final dos soviéticos em Stalingrado. Para ele, como para muitos outros dirigentes soviéticos, a África não contava muito. E os russos, na época, gostavam de dizer que a Batalha de Stalingrado havia sido vencida exclusivamente graças a seu próprio material militar, já que o equipamento estrangeiro contara pouco na vitória.

Embora fosse em parte verdade naquele momento, foi muito menos ao longo de 1943 e, em algumas partes da frente de batalha, já não era mais assim no mês de janeiro desse ano decisivo. De qualquer maneira, havia relativamente pouco material militar aliado na Rússia. A Grã-Bretanha e os Estados Unidos haviam enviado alguns milhares de aviões, tanques e canhões, sem contar matérias-primas. Já os veículos motorizados e os víveres que auxiliaram de maneira significativa a Rússia a conquistar a vitória mal começavam a chegar em quantidade considerável.

Até o fim do mês de fevereiro de 1943, 72 mil caminhões americanos e 17 mil jipes foram entregues para a Rússia. Centenas de milhares desses veículos seriam encaminhadas por via marítima em direção à Rússia antes do fim da guerra e fariam parte da paisagem na frente de batalha russa, facilitando a mobilidade do Exército Vermelho no início do verão europeu de 1943. Eram ainda extremamente raros em 1942. Durante minha viagem em janeiro de 1943 na região de Stalingrado, quase não vi esses veículos americanos. Mas vi centenas deles em Voronej, quatro meses mais tarde.

Porém, em Stalingrado, os combatentes eram todos soviéticos e seu material fabricado quase que exclusivamente pela indústria nacional – da qual os russos tinham muito orgulho –, e em geral tinham tendência a subestimar o esforço de guerra aliado, em grande parte porque não tinham nenhuma ideia do que se passava no mar e pouco tinham ouvido falar da Batalha do Atlântico e do número assustador de navios de guerra aliados afundados ao longo do ano de 1942. E até quando ouviam falar disso, não tinham ideia da sua dimensão.

Durante a Batalha de Stalingrado, a contribuição dos Aliados à guerra na Rússia, ainda que fosse relativamente pequena, não gerou muitos comentários. Para o povo russo, apenas o custo da batalha em vidas humanas contava. Por essa razão, a mudança de humor do embaixador Stanley, dois meses mais tarde, causada pela ausência de reação e pela indiferença com a qual a ajuda aliada era acolhida na Rússia, chocou e ofendeu muitos russos, que consideraram esse escândalo absolutamente sem cabimento. Depois disso, porém, não foi tomado mais cuidado para enfatizar, e muito menos exaltar, a participação dos Aliados na guerra. Contudo, não se chegava a retomar as palavras de Shcherbakov, pronunciadas durante a semana da vitória de Stalingrado: "O Exército Vermelho suportou todo o peso da guerra contra a Alemanha nazista".

O tom empregado na imprensa para falar dos alemães continuava feroz. O marxista Manuilsky[8] (que se tornará mais tarde ministro das Relações Exteriores da Ucrânia), homem de grande cultura e outrora chefe do Komintern, escreveu um artigo (publicado em 27 de janeiro de 1943) intitulado "O ódio contra o inimigo", cuja veemência supera tudo o que Ilya Ehrenburg havia escrito anteriormente. Não somente ele tratava os alemães por "geração maldita, monstros que fedem à decadência, podridão e morte", como falava do sucesso dos "planos diabólicos de Hitler, aos quais haviam aderido voluntariamente 80 milhões de alemães e que, por isso, estes carregavam também a responsabilidade pelos crimes planejados por esse bando de assassinos".

Seguia um quadro apocalíptico:

> O velho marechal Kutuzov costumava dizer sobre os franceses que haviam forçado as portas de Moscou: "Eu os farei comer ratos". Bom, os nazistas comerão *ersatz* de rato! Em Stalingrado, eles já comem cadáveres de gatos, e continuarão a comer até que os aniquilemos. Quanto aos que atravessarão correndo e em debandada nosso país, que eles devastaram, nenhuma mão caridosa se estenderá para lhes dar um pedaço de pão! A fuligem das cidades que eles incendiaram queimará seus olhos e garganta, e o vento fará os nós das forcas que eles fizeram golpearem seus rostos. As pessoas que encontrarão em seu caminho cuspirão em seus rostos, e os órfãos de todos os homens que eles mataram atirarão pedras quando passarem. Aqueles que eles assassinaram sairão de suas tumbas e trancarão o caminho gritando por vingança. Onde quer que vão, terão a morte em seu encalço! Então eles irão nos suplicar e falar de justiça. E gritarão: "Não fui eu quem fez isso, foi Hans Müller que matou com um só tiro de submetralhadora essas crianças que se banhavam no rio em Gomel... Não fui eu quem estrangulou esse bebê que chorava e não me deixava dormir, foi outra pessoa quem fez isso". Por fim, irão caluniar seu Führer infernal e murmurarão choramingando que ele os enganara. Só então se darão conta a que ponto os crimes que cometeram os levaram.

Durante esse período, ainda que não se contassem mais tantas atrocidades alemãs quanto no início da guerra, essas eram mais visíveis. Não era mais necessário retirar dos bolsos dos alemães mortos diários em que falavam sobre seu sadismo e cinismo, ou fotos de cadáveres balançando em uma forca com soldados alemães em pé, ao fundo, com um sorriso nos lábios. Agora, o Exército Vermelho continuava a avançar e, por onde passava, tinha sob seus olhos os traços dos crimes da nova "ordem hitlerista". E ouvia-se falar em todo lugar da arrogância estúpida, fétida e insultante dos alemães – senão pior. Os horrores de Kharkov, Orel e Kiev e o seu auge, em Majdanek e Auschwitz, não tardariam a ser descobertos, centenas de quilômetros mais adiante. Porém, já em novembro de 1942, era possível encontrar amostras expressivas do que se passava mais longe, em direção ao oeste, ao longo da estrada que levava de Stalingrado à fronteira alemã. Menos de 15 dias depois do início da ofensiva soviética, o Exército Vermelho encontrou o primeiro campo de concentração. Certamente, era apenas um campo de concentração em miniatura, mas tinha todos os atributos de um. Perto do vilarejo de Vertiachi, no Don, as unidades do Exército Vermelho descobriram um campo coberto de neve cercado por arames farpados: cadáveres de prisioneiros de guerra russos se empilhavam ali aos montes. Em meio aos 89 mortos, dois ainda estavam vivos. As fotografias chocantes publicadas na imprensa sobre essa descoberta macabra eram acompanhadas por um relatório assinado pelo médico legista russo, um certo Riabov, pelos capitães Roshchin e Kalashnikov e por diversos habitantes do vilarejo.

Segundo esse relatório, dez cadáveres estavam tão mutilados que haviam perdido qualquer vestígio de aparência humana. Muitos tinham os olhos arrancados e as orelhas e narizes cortados. Sabia-se que os alemães forçavam os prisioneiros a trabalhar 14 horas por dia para a construção de fortificações, tendo como alimentação somente cerca de meio litro de água quente por dia, algumas colheres de cevada e um pequeno pedaço de carniça de cavalo. Já os feridos e os doentes não recebiam nenhuma alimentação. Todos tinham disenteria. Cerca de 15 dias antes da chegada dos russos, eles não recebiam mais nenhum alimento. Os 87 prisioneiros de guerra russos morreram de fome, sob tortura ou simplesmente executados a tiros.

Curiosamente, naquela época, o Sovinformburo havia denunciado o campo de concentração de Vertiachi como "violação gritante da Convenção de Haia de 1907". Mais tarde, quando se teria uma ideia da dimensão dos crimes cometidos pelos alemães, invocar a violação da Convenção de Haia se tornaria simplesmente ridículo. Contudo, o relatório do Sovinformburo denunciava a extermínação "sistemática" dos prisioneiros de guerra soviéticos, o que era particularmente verdade em 1941 e 1942. Em 1943, constatou-se, enfim, uma mudança de política na forma de tratá-los, mesmo que, "em alguns casos", continuassem a ser executados de imediato ou deixados para morrer lentamente, fazendo com que trabalhassem pesado sem receber alimentação e cuidados.

O comunicado oficial russo sobre o campo de Vertiachi responsabilizava por esse crime o alto-comando alemão, cujo principal representante era ninguém menos que o general-coronel Von Paulus, logo promovido por Hitler ao posto de marechal.

Enquanto isso, os alemães cometeram muitas outras atrocidades na região de Stalingrado e no Cáucaso. Soube-se, assim, que em 16 de janeiro de 1943, os alemães, que batiam em retirada, haviam trancado em uma casa no vilarejo cossaco de Morozovsky um grande número de civis e os queimaram vivos – uma diversão muito apreciada pelos soldados alemães. Em Kislovodsk, os alemães fuzilaram um grande número de cientistas e outros cidadãos soviéticos que haviam se recusado a colaborar com eles. Certa noite, agruparam 2 mil judeus, amontoaram-nos em um trem e, ao chegar na estepe, executaram todos: homens, mulheres e crianças. Foi apenas mais tarde que missões de busca revelaram as atrocidades alemãs mais terríveis, como a utilização do caminhão de gás (*duchegubka*), especialmente em Krasnodar, durante a ocupação alemã, isto é, entre agosto de 1942 e janeiro de 1943. Ao mesmo tempo, massacres e deportações em massa ocorreram também entre os mineradores do Donbas. Os horrores cometidos na segunda metade do ano de 1942 foram revelados apenas mais tarde.

Em 19 de dezembro de 1942, após a declaração conjunta dos governos aliados sobre a perseguição dos judeus na Europa sob dominação nazista, o Ministério soviético das Relações Exteriores publicou um longo relatório sobre a extermínação sistemática por gás, metralhadora e outros métodos da população judaica da Europa. Mas o que se revelava ali era tão monstruoso que, mesmo na Rússia, precisava-se ver para crer.

O ano de 1942, assim como 1941, teve seus heróis e mártires. Zoya Kosmodemyanskaya[9] foi a mártir da juventude russa em 1941. Os mártires dos *komsomols*, em 1942, foram Oleg Koshevoy[10] e outro jovem, que estavam no comando da organização clandestina Jovem Guarda, na cidade mineradora de Krasnodon. Esses jovens foram perseguidos e torturados até a morte pela Gestapo. Eles haviam lutado à sua maneira contra inimigos mais fortes que eles, enquanto a 300 km mais a leste a Batalha de Stalingrado atingia o auge da violência. Oleg Koshevoy, um alto e belo jovem de 18 anos com uma leve gagueira, era o líder da Jovem Guarda; ele iria terminar seus dias de maneira horrível. Esse jovem homem de ação, corajoso e dotado de charme e autoridade pessoais, tornou-se, para os jovens comunistas, a imagem emblemática do mártir. Vi sua foto, ouvi sua mãe me contar sua história e estou convencido de que realmente se parecia com a imagem que se tinha dele. Mais tarde, Fadeyev faria dele o herói de um de seus romances.

Mas, na época, não se sabia muito o que estava acontecendo e todas as mentes estavam focadas em Stalingrado. Quando a ofensiva soviética ganhou força, todo o país foi tomado por um profundo sentimento de gratidão e alívio, e cada um expressava isso à sua maneira: em horas de trabalho suplementares "para Stalingrado", ou em grandes doações de dinheiro para o "Fundo para a Defesa" – movimento espontâneo do qual não se sabe, até hoje, a origem. Em 11 de dezembro de 1942, soube-se que os kolkhozes da província de Tambov haviam arrecadado nada menos que 40 milhões de rublos, que haviam enviado ao Fundo para a Defesa, deixando Stalin a par dessa doação. Os jornais publicaram a carta de agradecimento de Stalin, na qual anunciava que, conforme a vontade dos kolkhozes, o dinheiro serviria para organizar uma coluna de blindados batizada de "Kolkhoze de Tambov".

No dia seguinte, foram os kolkhozes de Saratov que doaram 33 milhões de rublos para a compra de um avião e receberam em troca uma carta de agradecimento do próprio Stalin. Depois, em 19 de dezembro, Theraponte Golovaty, hoje famoso, endereçou a seguinte carta a Stalin:

> Caro Josef Vissarionovitch!
> Ao me despedir de meus dois filhos que partiam para o *front*, dei a eles a ordem de destruir o invasor alemão. Em troca, prometi fazer tudo o que estivesse ao meu alcance pelo nosso país. Após ter lido vossa carta endereçada aos kolkhozes de Saratov, decidi doar todas as minhas economias para a compra de um avião. O regime soviético me ajudou a enriquecer e, agora que o país está em perigo, decidi ajudá-lo tanto quanto posso. Cedi todas as minhas economias honestamente ganhas – isto é, dez mil rublos – ao Fundo do Exército Vermelho para colaborar com a fabricação de um novo avião, o que aumentará nossas chances de vencer o invasor alemão. Que possa esse avião semear o terror entre todos os que mataram, feriram ou humilharam nossos irmãos e nossas irmãs [...]. Se os kolkhozes se reunirem e se dividirem para pagar centenas de esquadrões, isso ajudará consideravelmente o Exército Vermelho a libertar nosso solo sagrado do inimigo.

A carta de agradecimento escrita por Stalin a Theraponte Golovaty foi reproduzida em destaque na primeira página de todos os jornais. De um dia para o outro, ele se tornou famoso. A imprensa o colocou em um pedestal: "Os filhos de Golovaty podem ficar orgulhosos de seu pai [...]. Logo, um avião batizado de Theraponte Golovaty voará no céu [...]. Também em 1812, os camponeses se uniram para ajudar nosso bravo exército".

Certamente, alguns comentaristas cínicos não deixaram de destacar que "os bons e velhos kolkhozes limpavam a consciência e, também, o dinheiro ganho no mercado negro". Insinuavam até mesmo que Golovaty tivesse, possivelmente, algumas economias escondidas para os dias ruins. Outros lembravam que, de qualquer maneira, não se podia fazer grande coisa com o dinheiro que se tinha, enquanto um pequeno *marketing* pessoal era sempre bom. De qualquer maneira, o entusiasmo suscitado por Stalingrado era, de fato, a origem do fenômeno.

É desnecessário dizer que, para o Estado, as doações de dinheiro não contavam muito. O avião "pessoal" de Golovaty teria sido construído de qualquer maneira, com ou sem a ajuda de suas economias. Mas essas ações serviam de propaganda e tinham também um papel como forma de deflação. De fato, muito dinheiro havia sido acumulado nas campanhas nos dois últimos anos, ao mesmo tempo que não havia quase nada para comprar. Durante mais de um mês, os jornais publicaram extensas páginas de cartas dirigidas a Stalin e os agradecimentos deste em resposta. Houve até mesmo um kolkhoze milionário, de algum lugar da Ásia central, que ofereceu mais de um milhão de rublos por vontade própria.

"Que oportunista ele deve ser!", diziam os céticos, enquanto a revelação da existência de kolkhozes dispondo de tais somas na União Soviética causava sensação no exterior. No fim das contas, o Estado arrecadou mais de dez bilhões de rublos dessa maneira.

O Exército Vermelho contra-ataca

O ano de 1943 começou auspicioso. Em 1º de janeiro, o Sovinformburo divulgou os resultados das seis primeiras semanas da ofensiva soviética nas regiões do Don e de Stalingrado:

> Durante a primeira fase, nossas forças das frentes sudoeste, do Don e de Stalingrado lançaram ofensivas cujo objetivo principal – o cerco das forças inimigas em Stalingrado – foi alcançado. Ao longo dessas ofensivas, oito divisões romenas de infantaria, uma divisão de cavalaria e uma de blindados, assim como três divisões alemãs de infantaria e uma blindada foram aniquiladas, e três outras divisões alemãs de infantaria sofreram grandes baixas. O número de inimigos mortos se elevou a 95 mil e o de prisioneiros, a 72 mil. Capturamos 134 aviões, 1.792 blindados, 2.232 canhões e 7.306 caminhões; 846 aviões inimigos foram abatidos, 548 tanques, 934 canhões e 3.190 caminhões, destruídos. O Exército Vermelho avançou 80 quilômetros e libertou 213 localidades. Dentro do cerco de Stalingrado, encontram-se atualmente cercados: do lado alemão, três divisões blindadas, três divisões motorizadas, onze divisões de infantaria, o resto de três outras divisões de infantaria; do lado romeno, uma divisão de infantaria e uma divisão de cavalaria.
> Entre 16 e 30 de dezembro, a segunda fase da ofensiva foi iniciada na região do Don. O objetivo dessa fase era transpor a frente inimiga ao sul, no setor de Novaya Kalitva-Monastyrchtchina, penetrar na retaguarda do inimigo e privar, dessa maneira, as tropas alemãs cercadas em Stalingrado de qualquer possibilidade de fuga ou de receber socorro vindo de fora do cerco.
> Durante essa fase, nossas tropas avançaram de 150 a 200 km; 1.246 localidades foram libertadas. Uma divisão de blindados alemã, cinco divisões de infantaria, seis divisões de infantaria

italianas, uma brigada de "Camisas Negras" e duas divisões de infantaria romenas foram aniquiladas. Grandes baixas foram infligidas a quatro outras divisões inimigas. As perdas inimigas chegavam a 59 mil; o número de prisioneiros, a 60 mil.
O Exército Vermelho apreendeu 368 aviões, 178 blindados, 1.927 canhões, 7.414 caminhões. Ele abateu 117 aviões, destruiu 172 blindados, 268 canhões e mais de mil caminhões inimigos.
A terceira fase das operações foi a tentativa alemã de furar, a partir de Kotelnikovo, o cerco em torno de Stalingrado.
Três divisões blindadas alemãs, uma divisão motorizada, duas divisões de infantaria e duas divisões de cavalaria romenas foram eliminadas. As perdas do inimigo subiram para 21 mil mortos e 5.200 prisioneiros. Os espólios de guerra são os seguintes: 40 aviões, 94 tanques, 292 canhões, 329 caminhões. As destruições são as seguintes: 306 aviões, 467 tanques, 257 canhões, 945 caminhões. O Exército Vermelho avançou de 100 a 150 km e libertou 130 localidades.
Assim, desde 19 de novembro de 1942, 1.589 localidades haviam sido libertadas. Vinte e duas divisões inimigas foram cercadas, 36 divisões eliminadas, das quais 6 divisões blindadas, e 7 outras divisões sofreram grandes perdas. O número total de inimigos mortos se eleva a 175 mil e o número de prisioneiros, a 137.650.
Seguia uma longa lista de "troféus de guerra" – além dos 1.249 aviões, 1.187 tanques, 1.459 canhões, 755 morteiros e 5.135 caminhões destruídos, os russos apreenderam 542 aviões, 2.064 tanques, 9.451 canhões, 2.734 morteiros, 8.161 metralhadoras, 13.703 fuzis antitanques etc.
Essas operações foram comandadas pelo coronel-general Vatutin, comandante da frente sudoeste; coronel-general Yeremenko, comandante da frente de Stalingrado; tenente-general

Rokossovsky, comandante da frente do Don; tenente-general Golikov, comandante da frente de Voronej; e sob a direção do general de exército Jukov, do coronel-general Vasilevsky e do coronel-general de artilharia Voronov.

Esses nomes são bastante familiares. A maior parte deles – à exceção notável de Vatutin, que morreria em consequência de ferimentos no início de 1944, pouco tempo após ter libertado Kiev – faria parte dos vencedores de 1945.

Entre os generais sob suas ordens, encontramos dois personagens muito famosos, futuros marechais da União Soviética: o tenente-general Malinovsky e o major-general Tolbukhin.[11] Vários outros oficiais superiores citados são também conhecidos daqueles que acompanharam as operações militares dessa guerra.

Retrospectivamente, percebe-se que Stalingrado ofereceu a esses jovens generais promissores a ocasião de mostrar a exata dimensão de seu valor. Os êxitos que obtiveram determinaram sua futura ascensão no exército. Esses homens haviam sido especialmente escolhidos para participar da batalha decisiva de Stalingrado ao se levar em consideração os êxitos já obtidos ao longo dos combates precedentes. Ao fim de 1942, o alto-comando soviético sabia do que cada oficial superior era capaz – o que não era o caso em 1941. Em Stalingrado, o alto-comando reuniu a nata dos generais soviéticos e esses homens iriam fazer jus à esperança que havia sido depositada neles. Vasilevsky e Jukov se tornariam marechais da União Soviética pouco tempo depois, e três outros ao longo dos dois anos seguintes: Rokossovsky, Malinovsky e Tolbukhin.

A Batalha de Stalingrado teve inúmeras consequências – como, por exemplo, a debandada total do exército romeno, que ocorreu ao longo das duas primeiras fases da batalha. Em dezembro de 1942, ele deixará de existir como força combatente. Os romenos suscitaram, por outro lado, a fúria de Hitler, pois foi no setor da frente de batalha defendida por eles que o Exército Vermelho conseguiu furar o cerco pela primeira vez. A fúria de Hitler era compreensível. Aos romenos faltava convicção e sua rápida debandada era a prova de suas medíocres qualidades combativas, ou pelo menos a prova incontestável do caráter fantasioso da nova ordem hitlerista. Ninguém, além dos alemães, tinha vontade de morrer por Hitler. Quando os romenos lutaram para conquistar o que chamavam de Transnístria, e mesmo mais tarde, em Sebastopol, eles certamente demonstraram suas qualidades combativas (alguns russos os julgaram até mesmo superiores aos alemães). Mas o que Stalingrado e as estepes calmucas desoladas poderiam representar para esses romenos?

Nos meses que se seguiram, os italianos também foram riscados do mapa, a maioria em horríveis massacres na região do Don. O resto das tropas italianas – cerca de 40 mil homens – foi feito prisioneiro. Assim como os italianos, os húngaros não foram capazes de resistir. Eles reapareceram somente em 1944, em unidades que participaram dos combates em Bocovina, nos Cárpatos e, mais tarde, na Hungria.

Após Stalingrado, Hitler se encontrou sozinho no plano militar, tendo os finlandeses como seus últimos aliados. Para reparar essa situação, lançou mobilização sobre mobilização e alistou no exército alemão muitos soldados de outras nacionalidades, que se mostraram pouco confiáveis.

O cerco de Stalingrado permitiu aos russos reconquistar uma quantidade considerável de território em janeiro-fevereiro de 1943. Em todas as frentes de batalha do sul da Rússia, os alemães tiveram que bater em retirada – um grande número de unidades, sobretudo unidades compostas por não alemães, encontraram-se totalmente desorganizadas e desmoralizadas. Como a brecha de Rostov ameaçava se fechar muito rápido, os alemães aceleraram sua retirada do Cáucaso. Entretanto, essa retirada foi prejudicada pelas tropas russas, especialmente pela cavalaria, que não deu descanso aos alemães.

A campanha do Cáucaso

A campanha militar alemã no Cáucaso foi tema de pouquíssimos comentários, tanto na época quanto mais tarde. Em parte porque, por muito tempo, ela foi considerada um conflito secundário, cujo resultado dependia completamente do destino de Stalingrado.

Naquele momento, entretanto, a queda de Rostov e o avanço alemão em Kuban caíram como uma bomba em Moscou, que viu a ameaça de um grande desastre se desenhar.

Ver num mapa que os alemães chegaram na metade do caminho pela estrada que leva ao Cáucaso, muito perto de Grozny, e pela estrada de Baku, poderia abalar o moral dos russos em 1942. As consequências econômicas da perda das terras agrícolas imensamente ricas do Kuban eram graves. O avanço dos alemães em direção ao Cáucaso teve também grande repercussão sobre as populações do Cáucaso e da Transcaucásia. A Rússia perdeu prestígio – e mais ninguém escondia isso agora – aos olhos de algumas minorias do Cáucaso, particularmente as que professavam o Islã. Assistiu-se a um verdadeiro movimento de desinteresse em relação aos russos, sobretudo entre os tártaros da Crimeia, a oeste, e os calmucos, a leste.

Com 35 a 40 divisões no Cáucaso (entre as quais algumas divisões romenas e italianas), as tropas alemãs, após obterem êxito em sua incursão em Rostov, espalharam-se como um *tsunami* pelo Kuban ao fim de uma guerra-relâmpago que lembrava de maneira desagradável as primeiras semanas da invasão, em julho de 1941, mas também o que havia acontecido na França. Os alemães dispunham de três ou quatro divisões blindadas comandadas pelo general Von Kleist, de unidades de infantaria fortemente motorizadas, de tropas paramilitares. Além disso, tinham domínio total do céu. As tropas alemãs eram muito móveis; seus tanques e aviões espalhavam o pânico entre os refugiados que escapavam pelas estradas, a exemplo do que aconteceu em 1940-1941. Elas perseguiam as tropas russas que batiam em retirada. Estas apresentavam, todavia, certa resistência quando os alemães chegavam a uma cidade, mas o perigo de se verem cercados (considerando-se a extraordinária mobilidade dos alemães) era tão grande que o objetivo dos russos era ganhar os contrafortes das montanhas e não persistir em continuar em campo aberto diante do inimigo. Um recuo rápido para as montanhas era inevitável caso se quisesse salvaguardar o máximo de tropas e impedir os alemães de tomarem pontos estratégicos vitais do Cáucaso: as regiões petrolíferas de Grozny e Baku e a extremidade norte das estradas de montanha que levavam à Transcaucásia, sendo que as mais importantes – a estrada militar da Ossétia e a da Geórgia – se originavam na região de Vladikavkaz. Uma outra estrada, também vital, costeava o mar Negro e ligava Tuapse a Sukhumi e Batumi.

A exemplo das forças alemãs, as forças russas no Cáucaso tinham de 35 a 40 divisões. A frente do Cáucaso se estabilizou perto do fim do mês de agosto de 1942.

No espaço de um mês, os alemães haviam invadido o Kuban, os confins setentrionais do Cáucaso, as estações termais de Pyatigorsk e Kislovodsk, cravado a suástica no monte Elbrus e chegado ao mar Negro no setor de Novorossisk. Eles ocupavam Maikop, capital da terceira região petrolífera mais importante do Cáucaso, e se encontravam a menos de 40 km de Grozny, capital da segunda região petrolífera mais importante após Baku. A região de Maikop produzia cerca de três milhões de toneladas de petróleo por ano; Grozny, duas vezes mais. No setor de Mozdok, a ofensiva alemã foi repelida pelos cossacos de Terek. Durante quase três meses, os combates nesse setor se tornariam cada vez mais violentos. Finalmente, os alemães tiveram que renunciar a seus planos e tentaram furar o cerco na direção de Grozny, via Nalchik e Vladikavkaz.

O Exército Vermelho contra-ataca

Ao fim de violentos combates, tomaram Nalchik, mas fracassaram diante de Vladikavkaz, onde suas unidades blindadas foram dispersadas por tropas russas bem superiores em número, encaminhadas até lá em segredo absoluto.

Esses acontecimentos, que ocorreram na metade de novembro de 1942, marcaram a interrupção da conquista alemã no Cáucaso.

A oeste, os alemães tomaram Novorossisk em setembro, após combates particularmente ferozes, nos quais participaram alguns remanescentes dos combates de Sebastopol. Mas como o lado meridional da baía de Novorossisk ainda estava sob posse dos russos, os alemães não puderam utilizar o porto. Entretanto, a perda de Novorossisk colocou em uma situação difícil o que restava da frota do mar Negro. Após a perda de Odessa, Kherson, Nikolaev, da Crimeia e de Novorossisk, a marinha soviética havia encontrado refúgio nos portos de importância secundária de Batumi e de Poti, que nunca antes haviam servido como bases navais. Embora os alemães tivessem conseguido furar o cerco até Batumi, a marinha do mar Negro teria sido forçada a fugir para não acabar presa na Turquia, que possivelmente se aliaria aos alemães na esperança de tomar uma parte do território caucasiano, que ambicionava há muito tempo. Mesmo que o resultado da guerra fosse incerto, esse cenário não era desconsiderado; se os alemães tivessem conseguido outra grande vitória no Cáucaso nos meses de agosto e setembro de 1942, a Turquia teria provavelmente feito uma aliança com eles. Os russos tinham de manter, então, como medida preventiva, forças armadas consideráveis na fronteira turca, mesmo que a atitude dos turcos não fosse particularmente provocadora. Em todo caso, é certo que, na época, havia uma grande concentração de tropas turcas na Transcaucásia.

Entretanto, em setembro de 1942, a frente de batalha se estabilizou praticamente por conta da inacreditável resistência das tropas russas no setor de Mozdok e ao norte de Tuapse. Os alemães não haviam conseguido atingir nenhum objetivo principal onde quer que fosse. Os russos haviam conseguido bloquear a estrada dos campos de petróleo do Cáspio, dos passos de montanha, assim como o acesso à costa do mar Negro ao sul de Novorossisk.

Segundo o general Talansky, as forças armadas alemãs estavam distribuídas da seguinte maneira: o maior poder de fogo, composto por cerca de 20 divisões (incluindo as 3 divisões de *panzers* de Von Kleist), estava agrupado no setor de Mozdok. Quatro ou cinco divisões de tropas de montanha, incluindo algumas unidades de caçadores alpinos italianos, haviam tomado posição no setor central. No flanco direto, no setor de Tuapse-Novorossisk, os alemães dispunham de 10 a 15 divisões que compreendiam, também, caçadores alpinos e algumas unidades romenas.

As forças russas do Cáucaso eram comandadas pelo general de exército Tyulenev. O flanco direito (Mozdok) estava sob as ordens do general Maslennikov, e o flanco esquerdo, do general Petrov, que se destacou em Sebastopol e mais tarde criaria uma reputação nos Cárpatos.

No Cáucaso, os russos se viram confrontados com o péssimo estado das vias de comunicação. Todos os principais corredores de abastecimento em direção ao norte haviam sido cortados. Agrupar as tropas também se mostrava uma tarefa muito delicada. A maneira pela qual o abastecimento chegava aos exércitos do Cáucaso era mantida em segredo. Falava-se sobretudo da nova ferrovia que ligava Astrakhan a Makhachkala, ao longo da costa do mar Cáspio, onde se unia à linha principal de Baku que, mais a oeste, estava nas mãos dos alemães – esta estrada de ferro não estava indicada em nenhum mapa comum.

Essa ferrovia era estratégica, é verdade, mas a maior parte do abastecimento chegava aos exércitos do Cáucaso ao fim de um longo périplo, via Krasnovodsk, do outro lado do mar Cáspio, depois por via marítima, próximo a Baku e Makhachkala, e por caminhão ou trem.

O Exército Vermelho contra-ataca

Para os exércitos confinados a oeste do Cáucaso, o abastecimento fazia um itinerário ainda mais longo, passando por Krasnovodsk, Baku, Tbilisi, para depois seguir a estrada costeira para Tuapse.

A Transcaucásia, a rigor desprovida de fábricas de munições, garantia o abastecimento de víveres.

Os alemães se retiraram do Cáucaso da mesma maneira que os russos haviam feito. Os papéis estavam simplesmente invertidos. Dessa vez, a mobilidade era privilégio dos russos. Os alemães haviam perdido a maior parte de seus tanques em combates infrutíferos em torno de Mozdok e, mais ainda, ao longo da debandada que se seguiu à derrota em Vladikavkaz, na metade de novembro de 1942.

Os russos, por sua vez, haviam recebido alguns blindados de reforço e, sobretudo, agrupado grandes forças de cavalaria que cortavam incessantemente as linhas de retirada alemãs, criando assim inúmeros pequenos bolsões. Os cavaleiros russos perseguiam a infantaria alemã e aceleravam sua retirada. As perdas infligidas ao inimigo durante essa retirada, apesar de não terem sido imensas, nem por isso foram pequenas, chegando a dezenas de milhares. Os alemães, ao recuarem, deixaram para trás uma paisagem devastada, mas que teria sido ainda pior se não tivessem sido perseguidos pelas forças móveis russas e pressionados a fugir.

Diversas cidades importantes, como Pyatigorsk, Krasnodar e Nalchik, foram parcialmente destruídas; outras, como Armavir, foram completamente destruídas. Durante essa campanha caucasiana, os cossacos do Kuban mostraram uma lealdade indefectível ao regime soviético e uma combatividade que beirava o fanatismo contra invasores alemães – a despeito dos terríveis conflitos que, no passado, haviam colocado essa "Vendeia russa" contra Moscou durante a Guerra Civil e os anos da coletivização forçada. Os alemães, que esperavam explorar essas tensões que conheciam tão bem, fizeram isso à toa.

O recuo dos alemães caçados no Cáucaso e perseguidos pelos russos começou, de fato, no fim de dezembro de 1942, após o fracasso da tentativa de Von Manstein de furar o cerco até Stalingrado, e depois de as tropas comandadas por Malinovsky terem repelido os alemães a sudoeste de Kotelnikovo para as estepes de Salsk e o Kuban.

Os russos retomaram Mozdok em 3 de janeiro de 1943, Nalchik no dia seguinte, Pyatigorsk, Kislovodsk e Mineralnye Vody no dia 11, Stavropol no dia 21, Armavir no dia 23, Tikhoretsk e Maikop no dia 30. Yeysk, no mar de Azov, e Bataisk, ao sul de Rostov, foram retomadas em 6 de fevereiro, e Krasnodar, no dia 12. As penínsulas de Taman e Novorossisk ainda permaneceram nas mãos dos alemães por muitos meses, "trampolins para a reconquista do Cáucaso", como acreditavam ainda os mais crédulos.

A fuga dos alemães

O avanço das unidades russas ocorreu de maneira simultânea em inúmeras outras direções. Os alemães e romenos foram repelidos de seu bolsão do Cáspio a sudeste de Stalingrado, e a capital da República Autônoma calmuca, Elista, foi retomada em 2 de janeiro de 1943. Os alemães se encontravam, então, a cerca de 80 km do mar Cáspio e a cerca de 120 km do estuário do Volga e de Astrakhan.

No ritmo em que as coisas evoluíam no Don, não tinha muito sentido, para os alemães, insistir em Elista.

Nessa mesma semana, o território e o interior da curva do Don, ainda mantidos pelos alemães – a metade sul, para ser mais preciso –, foram libertados depois de os russos terem retomado Morozovsky e Tsimlianskaya, palco de combates ferozes em julho de 1942.

Durante esse período, o general Malinovsky avançava em direção a Salsk, no Cáucaso Norte, com o objetivo final de chegar a Rostov pelo sudeste.

Em 18 de janeiro, dois importantes bloqueios foram forçados: Manich, pelas forças de Malinovsky que se dirigiam para o sul, e o norte do Donets, libertado pelo exército do general Vatutin, em marcha para a Ucrânia oriental.

Paralelamente às forças de Vatutin, as forças comandadas por Golikov também avançavam para o oeste. Em 24 de janeiro, Voronej foi retomada, assim como Kastornoye, alguns dias mais tarde.

Em Kastornoye, oito divisões alemãs e húngaras foram cercadas e "liquidadas" ao longo de uma operação digna de Stalingrado. Durante esse avanço a oeste de Voronej, cerca de cem mil alemães foram capturados. Os caçadores alpinos italianos também foram eliminados; três generais italianos – Ummerto, Battisti e Pasqualine – foram feitos prisioneiros.

Em 4 de fevereiro, quando a Batalha de Stalingrado estava recém-terminada, os russos chegaram praticamente a oeste da linha em que havia iniciado, no verão europeu, a ofensiva alemã. Kupiansk foi retomada nesse dia; Lisichansk e Barvenkovo, no dia 7, assim como algumas localidades que estavam nas mãos dos alemães desde o outono europeu de 1941, como Kramatorskaya, no Donbas, retomada em 7 de fevereiro; Kursk, retomada dia 8; e Belgorod, no dia seguinte. Volchansk e Chuhuiv foram retomadas no dia 10, e Lozova, no dia 11. Dia 14, o general Malinovsky tomou Rostov, enquanto o general Vatutin retomava Voroshilovgrad. Dia 15, Golikov retomava Kharkov. Os exércitos russos avançavam rapidamente, apesar da resistência feroz dos alemães. No dia 20, eles estavam prestes a atingir a linha do Dnieper, a sudoeste de Kharkov, após terem reconquistado Pavlograd e Krasnograd. Porém, no dia 24, os alemães iniciaram um contra-ataque em Kramatorsk e, no mês seguinte, uma grande parte do Donbas, que havia sido retomada pelos russos, foi novamente perdida, assim como Kharkov. As tropas russas foram repelidas até a linha do Donets, onde acabaram por interromper a ofensiva alemã.

Mais tarde, reconheceu-se que os russos estavam se mostrando um pouco otimistas demais ao desejar chegar ao Dnieper em fevereiro de 1943, e divulgou-se a ideia de que teriam feito melhor ao se dirigirem para o sul, atravessando o Donbas em direção a Taganrog, no mar de Azov, e deixarem para depois o plano mais ambicioso de retomar Kharkov e marchar até o Dnieper.

O recuo das tropas russas foi considerado culpa do degelo precoce, que havia freado o avanço em direção ao Dnieper, mas também da fadiga das tropas – a maior parte dos homens estava na linha de frente há muitos meses. Contudo, a perda de Kharkov importava menos que a tomada, pelos russos, do bolsão de Kursk, que teria um papel decisivo na ofensiva de verão que se preparava.

O sucesso da ofensiva invernal produziu um efeito considerável nos ânimos. Não era diferente do que havia acontecido em Stalingrado. Indiretamente, o avanço russo para o sul havia, também, tornado mais fácil a retomada, em março, do "trampolim alemão" a oeste de Moscou – o triângulo formado por Gjatsk, Rzhev e Viazma – que seguiu a retomada de Velikiye Luki em 1º de janeiro de 1943. Naquele mês, os russos conseguiram, também, ao preço de numerosas perdas, abrir uma brecha no bloqueio de Leningrado.

Em março de 1943, a frente de batalha apresentava um quadro radicalmente diferente e muito mais favorável aos russos que outrora. Não somente a situação militar era bem melhor que em novembro (desde então, 480 mil km^2 de território soviético haviam sido retomados do inimigo), como também era infinitamente melhor que antes da grande ofensiva alemã do verão europeu de 1942. Moscou estava livre da ameaça que pesava sobre ela. A situação em Leningrado havia melhorado consideravelmente; as imensas plantações de trigo do Don e do Kuban haviam sido libertadas sem grandes danos; os campos de petróleo do Cáucaso não estavam mais ameaçados; e agora que o "bolsão de Kursk" havia sido reconquistado pelos russos as condições estavam reunidas para a libertação da Ucrânia.

Enquanto a reconquista da região do Don e do Cáucaso se aproximava de um final feliz, a etapa final da Batalha de Stalingrado iniciava.

Foi precisamente nesse momento, enquanto Golikov e Vatutin libertavam a região do Don e as unidades de Malinovsky avançavam para o norte do Cáucaso na direção de Rostov, que alguns de nós tivemos a ocasião de passar dez dias nessa região situada a sudoeste de Stalingrado. O relato dessa viagem foi redigido pouco depois desses acontecimentos e espero, graças a ele, ter conseguido compartilhar com o leitor essa experiência extraordinária. Para mim, que havia ficado em Moscou a maior parte do tempo, essa viagem, melhor do que qualquer outra experiência, fez com que eu compreendesse a dimensão da inacreditável aventura humana que essa batalha histórica do inverno europeu de 1942-1943 representava.

Notas

[1] Erich von Manstein (1887-1973), general alemão elevado ao posto de *General Feld Marschall*. Entre suas façanhas, participa das campanhas da Polônia (1939), França (1940) e, na frente leste, da Operação Barbarossa, da campanha da Crimeia (1941-1942), das Batalhas de Stalingrado, Kursk e Dnieper. Julgado em 1949 e condenado a 18 anos de detenção por crimes de guerra, foi libertado em 1953. Em 1956, torna-se conselheiro do novo exército da RFA, o *Bundeswehr*.

[2] Filipp Golikov (1900-1980), general soviético, participa da campanha da Polônia (1939), subchefe do estado-maior do Exército Vermelho de 1940 até o verão europeu de 1941. Comanda a missão militar soviética enviada em julho de 1941 para a Grã-Bretanha e os Estados Unidos; comanda a frente de Briansk e de Voronej (abril-outubro de 1942). A partir de outubro de 1942, comanda a frente noroeste. A partir de abril de 1943, é subchefe da direção política do exército, que comanda de 1956 a 1962.

[3] Ivan Chistiakov (1900-1979), general soviético, participa ativamente da Batalha de Stalingrado na liderança do 21º Exército da frente do Don, encarregada da manobra de cerco do 6º Exército alemão a partir de 19 de novembro de 1942 neste setor. Chistiakov participa, em seguida, no comando do 6º Exército da Guarda, da Batalha de Kursk (julho de 1943) e da Operação Bagration (junho de 1944), que leva à libertação da Bielo-Rússia. Em julho de 1945, no comando do 25º Exército da frente do Extremo-Oriente, participa da campanha contra o Japão.

[4] Mikhail Frunze (1885-1925), líder bolchevique, membro do Comitê Central do Partido. Em janeiro de 1925, sucede Trotsky no comando do Comissariado do Povo para a Defesa.

[5] Aleksei Brusilov (1853-1926), general russo da Primeira Guerra Mundial, torna-se uma figura ilustre na última grande ofensiva vitoriosa do exército czarista na Galícia (1916). Alia-se ao regime bolchevique durante a guerra civil e é apresentado na ocasião como um exemplo dos "especialistas militares" atraídos pela causa da Revolução.

[6] Alexei Tolstoi (1883-1945), escritor russo e soviético, é autor de muitos romances históricos (*Pedro, o Grande*). A revolução o forçou ao exílio na Alemanha e, depois, na França. Em 1923, decide voltar à URSS e se aproxima do regime soviético. Publica, nos anos 1930, muitas obras exaltando Stalin.

[7] Alexander Shcherbakov (1901-45), dirigente bolchevique, primeiro-secretário do Comitê Regional da região de Moscou do Partido Comunista de 1938 a 1945. Durante a guerra, é nomeado chefe da direção política do Exército Vermelho, com patente de general. Ele acumula essas funções com a de diretor do Sovinformburo.

[8] Dmitri Manuilsky (1883-1959), dirigente bolchevique, tem um papel importante na Internacional Comunista (Komintern) de 1923 a 1943, na qual defende especialmente a linha stalinista perante Bukharin.

[9] Zoya Kosmodemyanskaya (1923-1941) foi uma jovem resistente soviética enforcada pelos nazistas em 29 de novembro de 1941. Ela se tornou rapidamente um dos ícones da guerrilha e um dos mártires mais venerados da Grande Guerra patriótica.

[10] Oleg Koshevoy (1926-1943), jovem resistente soviético, é fuzilado pelos nazistas em 9 de fevereiro de 1943. Esse *komsomol* da cidade ucraniana de Krasnodon, que organizou uma rede clandestina de resistência (Jovem Guarda), é dado como exemplo pelo regime stalinista e elevado à dignidade de Herói da União Soviética pouco tempo após sua morte.

[11] Fiodor Tolbukhin (1894-1945), general soviético, comandante das frentes do Cáucaso e da Crimeia (julho de 1941-março de 1942), comanda o 57º Exército durante a Batalha de Stalingrado.

Stalingrado: a agonia

Os alemães presos dentro de Stalingrado não tinham muito o que esperar. Sua última esperança se fora no momento em que as equipes dos blindados festejavam o Natal. Não que as próprias tropas estivessem cientes da situação. A realidade em todo o seu horror penetrou lentamente nas consciências dos soldados alemães. Os oficiais continuavam a dizer a seus homens que não se preocupassem demais se as rações alimentares diminuíssem rapidamente; o Führer cuidaria para que tudo desse certo e, de todo modo, só a presença deles em Stalingrado já constituía um imenso incômodo para os russos. De qualquer forma, os soldados alemães estavam prestando um serviço inestimável ao Führer e à pátria.

Os alemães estavam cercados em Stalingrado desde 23 de novembro, e suas reservas de alimento e munição estavam diminuindo. Os esforços para manter os estoques em um nível aceitável por meio dos cargueiros resultavam em enormes perdas aéreas, sem trazer melhora alguma em contrapartida.

Em meados de dezembro, os soldados começaram a comer os cavalos abandonados pela divisão de cavalaria romena.

Ao final do mês, Vassily Grossman esboçou uma das descrições mais impressionantes de Stalingrado:

> O Volga começou a congelar em 16 de dezembro. Os destroços dos barcos destruídos pelas bombas ficaram presos no gelo. Um novo capítulo da Batalha de Stalingrado se inicia.
>
> Hoje, a batalha se apresenta como uma sucessão de longas pausas e confrontos violentos. Toda a região que se estende de um lado a outro do Volga não ecoa mais o estrondo dos combates. Os obuses de canhões e morteiros se chocam contra os *Blockhaus* alemães. Eles têm por alvo as metralhadoras alemãs bem escondidas no fundo das trincheiras. Os alemães se escondem rastejando em buracos profundos e cavernas de pedra, em tanques de concreto, em poços e canalizações, em túneis subterrâneos. Somente tiros mirados com precisão podem atingi-los em seus esconderijos.
>
> O dia nasce. Com seus raios, o sol inunda as paredes em ruínas das fábricas, pátios de fábrica transformados em campos de batalha por regimentos, até mesmo divisões inteiras. Ele ilumina as bordas dessas enormes crateras cavadas por bombas de uma tonelada. Os raios de sol, como que apreensivos, mal penetram as profundezas desses buracos. O sol irrompe com seus raios através dos orifícios abertos nas chaminés das fábricas e terminais de carga. Tanques esburacados jazem ao sol como cadáveres de cavalos. Centenas de veículos inutilizados se amontoam [...]. O sol brilha sobre as vigas metálicas das fábricas, vermelhas de ferrugem, e sobre as tumbas de nossos soldados.
>
> Esta terra é sagrada. Como desejamos gravar nas memórias a lembrança eterna desta nova cidade da liberdade triunfante

que surgiu das ruínas da outra Stalingrado! Essa nova cidade, com suas casas subterrâneas, suas chaminés fumegantes ao sol, suas centenas de habitantes embrulhados em casacos acolchoados, chapéus de pele com as orelhas tapadas enfiados nas cabeças que cumprem sem falhar o dever guerreiro, carregando obuses embaixo do braço no lugar do pão, descascando batatas atrás de uma metralhadora apontada para o inimigo ou cantando suavemente, ou importunando sem maldade uns aos outros, ou contando a luta da noite com a granada na mão [...], esses homens magníficos cujo fado cotidiano é o heroísmo. Como gostaríamos de lembrar esse magnífico quadro cheio de vida da defesa de Stalingrado! Os minutos intensos desse dia D, desses homens que estavam escrevendo uma página imortal da história.

Na verdade, os alemães tinham pouca munição, e isso fazia uma imensa diferença para os defensores de Stalingrado. Agora era possível entregar com toda a segurança as marmitas de sopa aos soldados da linha de frente, levando-as em pé – e isso a apenas 40 m das linhas inimigas. Também era possível, com relativa segurança, atravessar o Volga congelado, de dia, com comboios de carroças.

Sim, nossos soldados conquistaram o sol, a luz do dia, o direito de andar em pé pelo solo de Stalingrado! Durante vários dias, milhares de homens esperavam o cair da noite para sair por um instante de seu buraco subterrâneo, respirar uma lufada de ar puro, esticar seus membros enrijecidos. Agora tudo havia mudado [...]. E aqueles que, em setembro, forçavam as entradas das casas, dançavam sem vergonha ao som da gaita, dirigiam à noite com os faróis acesos e, em pleno dia, transportavam obuses em caminhões, hoje se abrigam em meio aos escombros [...]. Agora é a vez deles de serem privados do sol. Têm apenas 25 ou 30 cartuchos por dia e receberam a ordem

Stalingrado

de atirar apenas quando fossem atacados. Suas rações estão reduzidas a 100 gramas de pão por dia e um pequeno pedaço de carne de cavalo. Como homens das cavernas, os alemães estão agachados em seu covil, roendo um osso de cavalo na escuridão e na lama, entre o que resta dessa bela cidade que destruíram, entre as oficinas devastadas das fábricas, outrora orgulho do nosso País dos Sovietes [...]. Dias e noites de terror são agora o destino deles; mesmo aqui, na escuridão e no frio, no meio das ruínas, sem luz, com apenas alguns pedaços de carniça para comer, eles verão como é a nossa vingança sob o céu estrelado e cruel das noites do inverno russo.

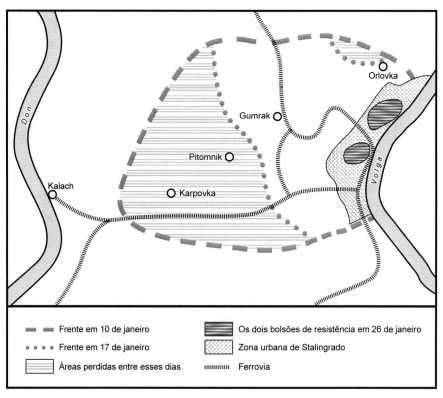

O BOLSÃO DE STALINGRADO

Essa era a situação em Stalingrado.

As coisas não estavam melhores na estepe, mais perto do centro do anel, em Gumrak ou em Pitomnik, um campo de pouso que poucos aviões Junker-52 conseguiram alcançar.

Os alemães fugiam de carro de Stalingrado na direção das estepes de Salsk, a sudoeste da cidade, em direção a Donbass e mais longe ainda a oeste. As tropas alemãs em Stalingrado se encontravam, portanto, totalmente isoladas e perdiam aos poucos qualquer esperança. As tropas soviéticas comandadas pelo general Rokossovsky e pelo general Voronov, estacionadas nos primeiros dez dias de janeiro nas estepes entre o Don e o Volga, agora se preparavam para o assalto final.

Porém, Rokossovsky e Voronov não ignoravam que os alemães dispunham ainda de um equipamento importante dentro do anel e que, desse modo, a batalha final corria o risco de ser acirrada e sangrenta. Contudo, em 8 de janeiro, eles enviaram a Von Paulus este ultimato:

> Ao general-coronel Von Paulus, comandante do 6º Exército alemão, ao seu chefe de Estado-Maior e a todos os oficiais alemães, bem como aos soldados cercados em Stalingrado.
> O 6º Exército alemão, as formações do 4º Exército de blindados e as unidades enviadas para reforço estão totalmente cercadas desde o dia 23 de novembro de 1942.
> As forças do Exército Vermelho capturaram as tropas alemãs e as mantêm em um anel sólido. Não há esperança alguma de suas tropas serem socorridas por uma ofensiva alemã vinda do sul ou sudoeste. As tropas que vinham socorrê-los foram dispersadas pelo Exército Vermelho, e o que resta delas está se retirando rumo a Rostov.
> Devido ao avanço rápido e vitorioso do Exército Vermelho, os aviões de abastecimento do exército alemão que continuam

fornecendo-lhes rações miseráveis, munição e combustível são frequentemente obrigados a retornar à sua base e a percorrer distâncias cada vez maiores para abastecê-los. Além disso, vários aviões, com seus equipamentos, foram derrubados pelas forças russas e, portanto, não estão mais em condições de socorrer as forças alemãs cercadas. A situação de vocês é desesperadora. Vocês estão totalmente cercados. Estão sofrendo de fome, frio e diversas doenças. O terrível inverno russo está apenas começando. Logo, ele congelará até os ossos. A nevasca começará e soprará um vento glacial em seus soldados, que não têm roupas quentes e vivem em condições de higiene catastróficas.

O senhor, seu comandante e seus oficiais sabem bem que não têm chance nenhuma de romper o anel que os cerca. Sua situação é desesperadora, e qualquer resistência é inútil. Por esse motivo, e para evitar um banho de sangue desnecessário, estamos propondo uma capitulação nas seguintes condições:

1. Todas as forças alemãs cercadas, sob suas ordens e sob as ordens de seu Estado-Maior, devem cessar imediatamente as hostilidades;
2. Todos os homens, as armas, os equipamentos e o material de guerra serão entregues em ordem e em bom estado;
3. A vida e a segurança serão garantidas a todos os soldados e oficiais que cessarem o combate e, a partir do final da guerra, retornarão à Alemanha ou a qualquer outro país de sua escolha;
4. Todos os prisioneiros conservarão seu uniforme, insígnias, condecorações e objetos pessoais; quanto aos oficiais superiores, conservarão suas armas brancas;
5. Todos os prisioneiros receberão uma alimentação normal, e cuidados médicos serão oferecidos àqueles que necessitarem.

Stalingrado: a agonia

Aguardamos sua resposta às 10 horas (hora de Moscou) no dia 9 de janeiro de 1943; seu representante, a bordo de um carro particular exibindo uma bandeira branca, deverá tomar a estrada Konny até a estação de Kotluban. Ele será aguardado por oficiais russos no distrito de B. a meio quilômetro do desvio nº 564.

Em caso de rejeição desta oferta de capitulação, advertimos que as forças terrestres e aéreas do Exército Vermelho serão obrigadas a aniquilar pura e simplesmente as tropas alemãs cercadas, extermínio de sua inteira responsabilidade.

> Coronel-general de artilharia Voronov,
> representante do Estado-Maior geral
> do comando supremo do Exército Vermelho
> Tenente-general Rokossovsky,
> comandante das tropas da frente do Don.

O ultimato foi rejeitado, mas não imediatamente: os generais alemães, sem dúvida, usaram o tempo para consultar Berlim e pensar. Oficiais russos me disseram que, após a apresentação do ultimato, houve uma espécie de trégua: nenhuma das artilharias abriu fogo. Não apenas os oficiais, mas também outros militares (dentre os quais um oficial de Estado-Maior que acabei conhecendo) se aventuraram em plena terra de ninguém e falaram com alguns alemães, aos quais suplicaram que depusessem as armas.

No bolsão de Stalingrado, exceto por uma divisão de infantaria e uma de cavalaria romena, contavam-se apenas tropas alemãs. Quantos eram no total? O coronel Zamiatin, em retrospecto, fornecerá os seguintes números:

De 22 divisões, 19 pertenciam às tropas de primeira linha. Duas divisões blindadas (a 14ª e a 24ª) constituíam as forças de reserva geral. Às unidades de combate, acrescentava-se um grande número de unidades auxiliares – organização Todt, unidades de transporte, unidades de engenharia civil. Durante os combates, essas unidades foram progressivamente dissolvidas, e os homens foram distribuídos nas unidades de infantaria ordinárias.

No momento do cerco, o número total de combatentes do grupo de Stalingrado se elevava a 330 mil homens.

Porém, em 10 de janeiro de 1943 – quando a operação de aniquilação começou –, não restavam mais do que 250 mil, com 80 mil homens e oficiais mortos durante os combates de novembro e dezembro de 1942, ou mortos de fome, frio ou de infecções.

O abastecimento se tornou um problema crítico. No dia 1º de janeiro de 1943, todos os cavalos da primeira divisão de cavalaria romena haviam sido consumidos. Os soldados estavam reduzidos a comer gatos, cães, corvos e carcaças de cavalos. A ração diária foi reduzida aos poucos a 150 gramas de pão e 30 gramas de gordura. Posteriormente, depois de 20 de janeiro, as rações dos romenos foram completamente extintas.

Todas as tentativas de abastecimento por via aérea fracassaram, pois os russos haviam estabelecido um bloqueio aéreo em volta de Stalingrado. Os alemães perderam em pouco tempo mais de 600 aviões de transporte.

A falta de munição obrigou o comando alemão a reduzir o uso dos morteiros e da artilharia de campanha, e os bombardeiros alemães baseados em pistas longínquas nas regiões de Voroshilovgrad, Rostov e Stalino não serviam para mais nada. Apenas as pequenas formações de caças ainda estavam operando a partir de terrenos situados na própria Stalingrado.

Foi nesse contexto que o ultimato de Voronov e Rokossovsky foi enviado a Von Paulus.

Por que os alemães rejeitaram esse ultimato? Porque os generais alemães em Stalingrado haviam recebido a ordem categórica do comando supremo alemão de continuar o combate a qualquer preço. Os russos interceptaram uma ordem pessoal de Hitler, dada nos primeiros dias do mês de dezembro de 1942, mas aparentemente ainda válida:

> A Batalha de Stalingrado atingiu seu ápice. O inimigo avançou sobre as linhas de defesa alemãs e tenta desesperadamente retomar a importante posição fortificada no Volga. Guiados pelos seus generais, vocês devem manter Stalingrado a qualquer preço, cidade conquistada ao custo de combates sangrentos. Vocês devem empregar toda a sua energia para alcançar esse objetivo. Eu farei tudo o que estiver ao meu alcance para apoiá-los nesta luta heroica.

Mesmo com o fracasso de todas as tentativas de quebrar o cerco, o alto-comando alemão continuou a ordenar que se resistisse a qualquer preço. Ele sabia que, nesse momento, as tropas cercadas estavam, de qualquer forma, condenadas e que podiam somente esperar manter em Stalingrado o máximo de combatentes russos pelo maior tempo possível.

Quanto ao moral das tropas alemãs, segundo o coronel Zamiatin,

> estava no ponto mais baixo e, para frear a tendência, crescente entre os soldados, a se render em massa, o comando alemão alimentava o medo fazendo circular rumores assustadores de "cativeiro bolchevique na Sibéria". Para preservar tanto quanto possível o moral das tropas, boatos de que um avanço alemão estava sendo preparado eram espalhados deliberadamente. Já o desastre do grupo armado de Kotelnikovo, do 8º Exército italiano ou do 3º Exército alemão era totalmente ignorado. O comando alemão também recorria à intimidação direta:

"Exijo que todos os meios sejam usados (inclusive as execuções a título de exemplo) para impedir que os oficiais e os soldados falem em capitulação", escrevia o general Von Daniels, comandante da 371ª Divisão de infantaria. Graças aos rumores otimistas, a medidas de intimidação, até mesmo de repressão, o comando alemão conseguiu manter até certo ponto a combatividade das tropas cercadas, até o momento em que as unidades russas lançaram sua ofensiva final.
Esta se deu em três etapas. Em um primeiro momento, o assalto principal devia vir do oeste, com o objetivo de destruir a parte ocidental e o nordeste do "bolsão" de Stalingrado. A segunda fase tinha por objetivo destruir o "cerco interior", que compreendia Gumrak, Peschanka e a própria Stalingrado. Em terceiro lugar, viria a operação de "limpeza" propriamente dita daquilo que restava do exército alemão.
Os ataques iniciais atingiram os lados sul e oeste do "bolsão" de Stalingrado. O mais violento ocorreu em Dimitrievka, na extremidade ocidental do "bolsão". A artilharia e as *katyushas* tiveram um papel decisivo. No setor onde foi lançado o assalto principal, a densidade alcançou 170 canhões ou morteiros por quilômetro de *front*. A barragem, que começou em 10 de janeiro às 8 horas da manhã, durou 55 minutos.

Nessa etapa da batalha, Zamiatin escreveu:

O inimigo está sofrendo enormes perdas. Nossa infantaria progrediu rapidamente pelas linhas do adversário e continua sua progressão. A cada passo, nossos soldados de infantaria se deparam com cadáveres de soldados alemães, canhões desmantelados, abrigos e *Blockhaus* destruídos. A paisagem, ontem toda branca pela neve, hoje negra pela fuligem e fumaça, está perfurada por milhares de crateras de obuses. Mesmo assim, os alemães, temendo as "atrocidades bolcheviques", continuam resistindo como lobos acuados pelos caçadores. O combate se prolongou até o momento em que, a 13 de janeiro, nossas tropas tomaram conta de toda a parte ocidental do "bolsão", repeliram os alemães até a margem oriental do Rossoschka e da Chervlyonaya e avançaram a uma profundidade de 4 a 7 km, quase todo o comprimento do "anel", a norte, a oeste e ao sul.

Um relatório do Sovinformburo de 17 de janeiro de 1943 descreve um avanço das tropas russas de 20 a 35 km, a reconquista de 32 localidades, inclusive Pitomnik, onde se encontrava o maior aeródromo alemão, ou seja, uma extensão de 565 km^2. Assim, estimava-se em 25 mil o número de alemães mortos nessa primeira semana, mas um fato significativo era que o número de prisioneiros (menos de 7 mil) continuava muito baixo, sinal de que os alemães continuavam lutando com toda a energia do desespero.

> Era possível avaliar as imensas dificuldades encontradas pelos soldados russos pelo número de pontos de tiro e outras fortificações destruídas: 1.260 *Blockhaus* e abrigos fortificados; 75 postos de observação fortificados; 317 baterias de canhões e morteiros capturadas ou destruídas na primeira semana de combates.
> Seguia-se uma impressionante lista do material destruído ou capturado, que mostrava como as tropas alemãs em Stalingrado estavam bem equipadas: 400 aviões, 600 blindados, 1.300 canhões, 600 morteiros, 2.600 metralhadoras, 16 mil fuzis de assalto e, talvez mais significativo ainda, 16 mil caminhões e diversas outras peças de equipamento. Porém, não havia sobrado nenhum cavalo: todos haviam sido devorados.

Stalingrado

O relato completo, muito curiosamente, tem um erro: avalia entre 70 e 80 mil o número de combatentes alemães dentro do "bolsão", ao passo que, no final da Batalha de Stalingrado, um número bem maior de alemães fora feito prisioneiro. Na realidade, cerca de 15 dias antes do fim dos combates, os russos haviam obtido uma vitória que ultrapassava todas as suas expectativas. Esse relato baseava sua estimativa nos testemunhos dos prisioneiros alemães, segundo os quais 1.500 soldados morriam todos os dias de fome, frio ou exaustão – cálculo aparentemente exagerado.

Em 17 de janeiro de 1943, os alemães foram repelidos até a linha que delimitava o círculo interior – ou antiga linha de defesa interna da cidade. Nesse momento, haviam perdido a maior parte do território do "bolsão". A 24 de janeiro, os russos alcançaram as "defesas externas" da cidade que eles mesmos haviam mantido até 13 de setembro. "Os alemães, que passam por sofrimentos inacreditáveis, diz Zamiatin, acabam agora por entender a que ponto sua situação é desesperadora. E os soldados estão começando a se render em grupos inteiros".

A 27 de janeiro, as unidades que participaram da ofensiva lançada em 10 de janeiro se juntaram aos defensores de Stalingrado. Esse momento excepcional foi relatado em abundância pela imprensa da época. O que havia sobrado das forças alemãs fora dividido em dois grupos: o grupo Sul, com o marechal de campo Von Paulus, se encontrava, nesse momento, cercado no centro da cidade propriamente dito e se rendeu a 31 de janeiro; o outro grupo, que se encontrava em uma pequena zona ao norte da cidade, se rendeu três dias depois. Em 2 de fevereiro, tudo estava terminado.

Em um segundo relato, datado de 27 de janeiro, o Sovinformburo anunciou que 1.400 km^2 de território haviam sido retomados; 2.146 postos fortificados, 115 postos de observação e 537 baterias haviam sido destruídos desde o início da ofensiva, em 10 de janeiro; 60 localidades e 9 estações de trem haviam sido reconquistadas. Ainda de acordo com o mesmo relato, 40 mil alemães haviam sido mortos desde 10 de janeiro, e 28 mil feitos prisioneiros.

Em 2 de fevereiro de 1943, foi anunciada a liquidação do pequeno bolsão do sul. "Agora está oficialmente estabelecido que 330 mil homens do exército alemão foram cercados em 23 de novembro, e não 220 mil como fora dito anteriormente".

Entre 23 de novembro de 1942 e 10 de janeiro de 1943, 140 mil alemães morreram em combate ou de fome e doenças. A 10 de janeiro, não restavam, portanto, mais do que 190 mil homens, número que incluía os combatentes, os membros da polícia e da organização Todt, correspondendo aproximadamente ao que afirmou, em 10 de janeiro de 1943, o intendente geral de 1ª classe do 6º Exército alemão, o coronel Von Kulowski.

> À luz destes dados, nossa vitória ultrapassa todas as expectativas. Entre 10 e 31 de janeiro de 1943, o número de prisioneiros alemães aumentou para 46 mil. Entre estes, o comandante do 6º Exército e do 4º Exército de blindados, o marechal de campo Paulus e seu chefe de Estado-Maior, o tenente-general Schmidt. Os outros generais feitos prisioneiros junto com Von Paulus são: tenente-general Schlömer, tenente-general Von Seydlitz, tenente-general de artilharia Pfeffer, tenente-general Sanne, major-general Leyser, major-general Korfes, major-general Moritz von Drebber, tenente-general Von Daniels, tenente-general Deboi, major-general Wolf, major-general Ubrich, general do corpo médico Otto Renoldi e dois generais romenos, os brigadeiros-generais Dimitriu e Bratescu – ao todo 16.

Porém, na parte norte de Stalingrado, um pequeno grupo continuava resistindo. Lançaram-se sobre eles panfletos que mostravam a foto de Von Paulus prisioneiro. Esses panfletos tiveram de ser produzidos com grande velocidade – faltava tempo para reproduzi-los em grande número; em cada um também havia sido fixada uma fotografia de Von Paulus sendo interrogado por um general russo.

A raiva e o desespero mantiveram esse último agrupamento de alemães por mais três dias. Os soldados famintos e desmoralizados se renderam sem problemas, mas alguns oficiais resistiram por um pouco mais de tempo. Após um assalto de artilharia pesada, na manhã de 2 de fevereiro de 1943, esse último grupo, compreendendo oito generais, finalmente depôs as armas.

> À primeira lista, acrescentam-se: tenente-general Strecker e seu chefe de Estado-Maior, coronel Helmut Groscurth; coronel-general Walter Heitz; tenente-general Von Rodenburg; tenente-general Von Arnim; tenente-general Von Lenski; os majores-generais Martin Lattmann, Roske e Magnus.

Vinte e quatro generais alemães foram feitos prisioneiros, bem como 2.500 oficiais de todos os postos. O número total de prisioneiros desde 10 de janeiro era estimado em 91 mil. Cem mil homens faleceram (e muito mais de 200 mil desde o cerco do mês de novembro). A operação iniciada no dia 10 de janeiro de 1943 resultou na apreensão de 750 aviões, 1.550 blindados, 480 carros blindados, 6.700 canhões, 1.460 morteiros, 8.135 metralhadoras, 90 mil fuzis, 61 mil caminhões, mais de 7 mil motocicletas, 3 trens blindados, 320 estações emissoras de rádio, 56 locomotivas, 1.125 vagões e 235 depósitos de munições.

Por falta de combustível, a maioria dos veículos se encontrava imobilizada desde o início da ofensiva soviética.

Em 2 de fevereiro de 1943, Stalin recebeu o seguinte telegrama:

> De acordo com suas ordens, as tropas da frente do Don cumpriram sua missão de aniquilação das forças inimigas cercadas em Stalingrado às 16 horas de 2 de fevereiro de 1943. Vinte e duas divisões inimigas foram destruídas ou capturadas.

Após uma enumeração completa das divisões, o telegrama terminava assim:

> O número de prisioneiros se eleva a 91 mil. Ele compreende 2.500 oficiais e 24 generais, dentre os quais 1 marechal de campo, 2 coronéis-generais, e o restante são tenentes-generais e majores-generais. Consequentemente, as operações militares na cidade e na região de Stalingrado foram concluídas.
>
> Tenente-general Rokossovsky,
comandante da frente do Don
Tenente-general Malinin,
chefe de Estado-Maior da frente do Don.

No mesmo dia, Stalin enviou suas felicitações a Voronov e Rokossovsky.

Os jornais publicaram as primeiras imagens da rendição: longas filas negras de prisioneiros de guerra alemães ziguezagueando pelas estepes cobertas de neve e caminhando sobre o Volga congelado; Von Paulus, com o rosto cansado e sério, sentado à mesa em um pequeno recinto mal iluminado por uma única lâmpada, respondendo às perguntas dos generais Rokossovsky e Voronov na presença de um intérprete, o jovem major Diatlenko; via-se também um grupo grande de generais prisioneiros de pé em um campo de neve; à distância, com ar de desdém e quase virando as costas aos generais alemães, estava o general romeno Dimitriu com um gorro alto de pele de carneiro na cabeça. Evidentemente, ele culpava os alemães, que, de fato, haviam privado os romenos de suas ínfimas rações nos últimos 12 dias.

Stalin anunciou mais tarde, em 7 de novembro de 1943, que, ao final da Batalha de Stalingrado, os russos haviam encontrado e enterrado os corpos de 147.200 alemães e 46.700 russos, mortos na última fase da batalha.

A Rússia comemorou essa vitória com alegria, mas sem excessos. Agora, via-se que toda a dor suportada não havia sido em vão e que os combatentes mortos não haviam morrido por nada. O impacto psicológico da vitória de Stalingrado foi imenso: nesse momento, todos sabiam que a vitória final era inevitável. Todos os soviéticos experimentavam um sentimento de profundo orgulho nacional; não um orgulho pomposo, mas o sentimento de que a justiça havia sido feita. Os alemães decretaram três dias de luto oficial após essa derrota. O povo alemão e o governo nazista haviam merecido amplamente essa humilhação.

Para o povo russo, o Exército Vermelho não se parecia com os outros exércitos, e Stalingrado marcava uma guinada decisiva – muito mais que a Batalha de Moscou. Nunca o prestígio da Rússia fora tão grande.

Como escreveu o *Estrela Vermelha* em 5 de fevereiro:

> Até a data de 1º de fevereiro, os alemães se recusaram a admitir a catástrofe. Em Stalingrado, aniquilamos a fina flor da Wehrmacht. O 6º Exército, com alguns dos melhores generais alemães à sua frente, fizera sua marcha vitoriosa pela Europa. Hitler estava particularmente orgulhoso disso. Todos esses homens foram escolhidos a dedo. Assim, a 79ª Divisão

de infantaria era exclusivamente composta por jovens nazistas entre 22 e 28 anos, dedicados de corpo e alma à causa do partido. No 6º Exército, pelo menos um em cada cinco homens era membro do partido nazista. Sob o comando de Von Reichenau, ele foi o primeiro exército alemão a invadir a Bélgica. Foi ele que entrou em Paris. Também participou da invasão da Iugoslávia e da Grécia. Antes da guerra, havia participado da ocupação da Tchecoslováquia. Em 1942, operou o avanço de Kharkov a Stalingrado.

Foi esse exército que, naqueles terríveis meses do verão de 1942, deu um golpe tão duro na Rússia. Quem era Von Paulus, esse general promovido a marechal de campo por Hitler pouco antes do fim? A síntese do oficial alemão altamente profissional, se é que já houve algum. O *Estrela Vermelha* traçou, assim, seu percurso:

> Von Paulus tem 53 anos e passou 33 deles no exército. Depois de ter participado da Primeira Guerra Mundial, foi designado primeiramente ao Ministério da Guerra e depois ao Estado-Maior Geral da Reichwehr. Posteriormente, durante as campanhas polonesa e francesa, foi chefe de Estado-Maior de Reichenau. Em janeiro de 1942, confiaram-lhe o comando de um corpo de blindados [...]. E, agora, como diz o comunicado alemão de 2 de fevereiro: "O 6º Exército, sob o comando magistral do marechal de campo Von Paulus, foi vencido". Quase três dias antes, Goebbels ainda vociferava: "Em alemão, a palavra capitulação não existe!".

Os alemães difundiram o boato de que Von Paulus havia se suicidado. Não era verdade. No dia 5 de fevereiro, nós o vimos em carne e osso.

Visita a Stalingrado

Durante quase meio ano, o nome de Stalingrado esteve em todos os lábios, não somente na Rússia, mas em grande parte do mundo.

Experimentei uma sensação muito estranha quando fui para lá – cidade com a qual eu tinha certa familiaridade, mas que não conhecia em detalhes. No início de janeiro de 1943, na noite em que havíamos nos perdido na escuridão, neste "Richmond Park" que se estende entre o Volga e o rio Aktuba, vimos um clarão vermelho no céu e percebemos, ao longe, o rugido dos canhões. Estávamos a apenas uns 12 km de Stalingrado e sentíamos crescendo em nós um impulso entusiasta, apesar de todos os relatos de horror que circulavam sobre esse lugar.

Agora, a cidade não era mais o que fora um dia. O silêncio reinava – o *front* mais próximo estava a centenas de quilômetros. Entretanto, alguns dias antes os combates ainda eram ferozes. Havíamos solicitado, em vão, autorização para ir à cidade enquanto a batalha se desenrolava, mas ir para lá neste momento era melhor do que não ir de jeito nenhum.

No dia 4 de fevereiro, dois dias após as últimas trocas de tiros, nós todos – britânicos, americanos, franceses, tchecos e chineses – embarcamos em dois aviões. Não seria de surpreender se essa visita de três dias rendesse dezenas de artigos na imprensa internacional.

Podem me perguntar por que continuar escrevendo sobre esses acontecimentos. Por uma razão simples: o que vale o relato escrito no calor dos acontecimentos, às pressas, neste "grande cemitério do esquecimento", como o escritor Saint-Beuve definia a imprensa? É útil reescrever a história desses eventos, de modo mais sereno e de outro ângulo, agora que se passaram dois anos, que Berlim está em ruínas, Goebbels está morto e Hitler vagueia no reino das sombras. Mas, por mais serenamente que possamos considerar aqueles anos, lugares como Stalingrado trazem à nossa memória com força o poder e a face diabólica dos exércitos alemães.

Nossos aviões aterrissaram no meio de uma vasta estepe coberta de neve em um dia muito frio e ensolarado. Onde exatamente, eu não saberia dizer. Perto do aeródromo, via-se um vilarejo e alguns prédios administrativos aparentemente intactos. Nós nos encontrávamos em algum lugar a noroeste de Stalingrado. Volutas de fumaça branca saíam das chaminés das isbás.*

Na noite anterior, eu escutara a rádio alemã. Ela difundia ininterruptamente lúgubres árias wagnerianas: a marcha fúnebre de Siegfried, do *Crepúsculo dos Deuses*, tocava sem cessar, assim como *Ich Hatte ein Kamaraden*.

O Crepúsculo dos Deuses... expressão poética que deve ter dado calafrios em Hitler. "*Ich Hatte ein Kamaraden, ich Hatte Dreihundretdreissigtousend Kamaraden.*"

Tarantsev, apelidado de "Cara de gato", estava no avião. "Olá, como vai?", perguntei. "Você se lembra daquele *Oberlieutenant* em

---

* N.T.: Segundo o *Dicionário Houaiss*, trata-se das casas típicas de camponeses do norte da Europa e da Ásia, mais particularmente da Rússia, construídas geralmente com madeira de pinheiro.

Kotelnikovo, que nos dizia que os alemães logo voltariam a Stalingrado?". "Tudo isso está acabado agora", respondeu Tarantsev. "Evidentemente, esses oficiais alemães ainda querem dar o troco aos britânicos e americanos – e continuarão até o último minuto – para fazer um pouco mais de propaganda na imprensa internacional. Mas para nós eles não ousam mais dizer isso!"

"Von Paulus", prosseguiu, "é um oficial do exército do Kaiser, mas poucos dos seus subordinados são realmente apegados a Hitler. Você sabia que ele havia conseguido escapar do cerco de avião e que Hitler mandou que voltasse? Pelo que disse a rádio alemã, ele ia sem dúvida se suicidar, pois estava carregando veneno e dois revólveres. Mas não, ele havia capitulado completamente e não tinha nenhuma intenção de acabar com seus dias."

Fazia muito frio e nos levaram até a cantina do campo de aviação. Não éramos esperados antes do dia seguinte, mas improvisaram uma refeição composta de salsichas, peixe em conserva, vodca e um achocolatado.

Na cantina, encontramos três correspondentes de guerra russos de uniforme: Olender, do *Estrela Vermelha*; Rozovsky, do *Izvestia*, e um terceiro cujo nome esqueci. Tomei nota de alguns trechos de nossa conversa.

"Outro dia, num vilarejo da zona sitiada, falei com uma velha camponesa que me contou que uns alemães a tinham procurado para saber se ela não teria um cachorro para prepararem uma refeição... Não houve alterações na disciplina militar, salvo nos últimos momentos. Eles são durões, não se pode negar", disse Olender.

"Mas eles enfrentaram uma situação excepcional", disse Rozovsky. "E este velho general de 64 anos no comando do 8º Corpo de exército – Walter Heinz – entrou no exército em 1896... Quando foi capturado nos últimos dias da batalha, deu de ombros e disse: 'O que vocês imaginavam? Não se pode alimentar um exército deste tamanho com aviões de carga que ainda por cima viram alvo.' Era um filósofo! 'Mas vamos deixar de lado as hipóteses e as explicações, todo mundo tem direito à sua opinião sobre esses assuntos em seu foro íntimo, mas por que falar disso?' Sim, ele estava mais do que cheio de tudo isso, mas nunca criticaria Hitler: a disciplina militar é a disciplina militar. É claro que os generais sabiam, desde a derrota de Von Manstein, que a sorte estava lançada, mas você compreende, nunca teriam admitido isso entre eles, e menos ainda diante de seus homens. Evidentemente, seu único objetivo desde então era aguentar o máximo possível para poder enviar reforços a Dnieper para defender suas posições na Ucrânia. Porém, a longo prazo, isso não faria grande diferença para nós. Para eles, em compensação, a perda do 6º Exército fez toda a diferença."

Esses correspondentes de guerra soviéticos já haviam ido a Stalingrado. Um deles falou de Gumrak, logo a oeste da cidade, onde testemunhara um massacre alucinante de alemães:

> O lugar estava literalmente cheio de cadáveres, aos milhares. Após tê-los cercado, descarregaram as *katyushas* neles. Meu Deus! Que massacre! Havia também milhares e milhares de viaturas e caminhões, quase todos caídos à beira da estrada, que eles não tinham tido tempo de destruir. Milhares de canhões também; 60% ou 70% desse material podia ser recuperado e servir ainda. Também confiscamos um depósito de provisões – faltando cinco ou seis dias do fim, eles devem ter lastimado perder tudo aquilo!

Os vilarejos situados no "bolsão" de Stalingrado que ainda não haviam sido totalmente destruídos – restavam alguns – ofereciam um quadro sinistro e assustador. Viam-se ainda alguns camponeses, mas felizmente a maioria fora evacuada a tempo para além do Don antes do cerco. Mesmo nessa zona minúscula, havia resistentes! Não verdadeiros resistentes, é claro, mas pessoas desesperadas que se escondiam e só esperavam a chegada de nossas tropas para combater. Mais ou menos uma hora antes de chegarmos, um velho meio louco aproveitou o pânico geral do lado alemão para abater 12 *Fritz* de onde ele estava. Tinha contas a ajustar com eles: ao que parece, os alemães haviam estuprado sua filha. Sua sede de vingança o fizera perder a razão.

Depois, um capitão de ar rude, com bigodes caídos, que acabava de entrar no recinto, veio se juntar à conversa. Estava voltando de Pitomnik; "Vocês deveriam ir lá ver, disse ele. É bem pequeno, mas de perto parece uma grande cidade. Em uma superfície de 6 km², os alemães abandonaram milhares de caminhões, pedaços de pontão* e uma quantidade incrível de material. Antes da guerra, Pitomnik tinha esplêndidos viveiros: as melhores árvores de maçãs, peras e cerejas de toda a região. Mas tudo isso está totalmente destruído agora, os combates, para tomar essa aldeia, foram ferozes, os alemães dispunham de uma enorme concentração de *Blockhaus*, que só foram destruídos por canhões e *katyushas*.

"Perto dali, prosseguiu o capitão, encontramos um campo ao ar livre para prisioneiros russos. Era horrível! Setenta ou oitenta se amontoavam em não mais de 12 m² e dormiam em leitos grosseiros cavados diretamente na terra. Cada dormitório, assim como o campo inteiro, estava cercado de arames farpados. Os 1.400 mil prisioneiros tinham de trabalhar nas fortificações. Somente 102 sobreviveram. Vocês me dirão que os alemães também não tinham mais nada para comer, mas os russos ficaram sem comida bem antes que os alemães fossem cercados. Quando descobriram esses sobreviventes infelizes quase mortos de fome entre os cadáveres de seus camaradas congelados, nossos soldados lhes deram pão e salsichas, o que matou muitos deles."

---

* N. T.: Ponte flutuante, feita a partir de pedaços de embarcações, utilizada para levar as tropas de um lado a outro de um curso d'água.

Os correspondentes de guerra soviéticos e vários de nós estavam em um pequeno escritório com um aquecedor, onde fazia mais calor do que na cantina. A garçonete de bochechas vermelhas, uma ucraniana, veio nos receber, assim como dois jovens soldados. Um deles, também ucraniano, falou de seus pais e de sua mulher que haviam ficado em Kiev e dos quais ele não tinha notícias.

"Mas, do jeito que vão as coisas, disse ele, logo chegaremos lá!" Seu rosto se contraiu. "Ontem, fui até o Volga para furar um buraco no gelo, na esperança de pegar um peixe, e vi milhares de prisioneiros alemães atravessando o rio. Meu Deus, em que estado eles estavam! Sujos, com barbas longas e malcuidadas, cobertos de feridas e de furúnculos, com as roupas em trapos. Três deles caíram à minha frente, condenados a morrer de frio em pouco tempo."

"Tentamos alimentá-los e lhes dar as roupas que temos de sobra", disse um dos jornalistas com uma careta de desgosto, "mas muitos deles estão mal demais, e não há hospitais para tratá-los em Stalingrado. Precisarão, primeiro, caminhar até um campo de triagem".

"Não consigo ter pena deles", replicou o soldado ucraniano, "depois do que nos fizeram passar! Como saber se não mataram ou deixaram minha mulher, meu pai ou minha mãe morrerem de fome?"

A ucraniana corada, superexcitada com as últimas novidades, estava convencida de que o Exército Vermelho logo alcançaria Izyum e que tudo se resolveria facilmente, que o exército iria direto para Dnieper para liberar a Ucrânia.

"Preciso voltar a Krasnoarmeisk agora", ela disse. "Esta noite vamos receber uma refeição com tudo que há de excepcional para celebrar nossa vitória!"

Ela tinha muita familiaridade com a maioria dos homens, mas não tentava seduzi-los. Um dos soldados disse, em tom de desculpas: "De um dia para o outro, nós nos encontramos de repente aqui, na retaguarda, a centenas de quilômetros da linha de frente. É embaraçoso!"

Visita a Stalingrado

Do lado de fora, a paisagem era exatamente tricolor. O efeito era surpreendente. Um pôr do sol avermelhado lembrava os cartões postais de cores vivas que se encontram na França. A leste, o céu era de um azul puro; em torno de nós, a estepe branca se estendia até o horizonte. Tirando algumas sentinelas, não havia vivalma nos arredores. Os aviões que nos trouxeram haviam desaparecido e nenhum outro aparelho estava à vista. O vento tinha diminuído, mas o frio era cortante e tudo banhava numa atmosfera estranhamente tranquila naquela gélida noite de inverno.

"A que distância estamos de Stalingrado?", perguntei a um dos soldados da escolta.

"A cerca de 80 km", respondeu.

Só mais tarde me dei conta de que nos levaram para lá para encontrar os generais alemães. Eles não estavam exatamente perto dali. Havia uma certa confusão ao redor de nós; tivemos de esperar no aeródromo até a noite cair, quando, enfim, apareceu um velho ônibus azul escuro onde nos amontoamos. Ele chacoalhou por duas ou três horas em uma estrada toda esburacada e coberta de neve. Os vidros embranquecidos de gelo não revelavam nada da paisagem; de qualquer modo, só havia estepe à nossa volta. Bill Downs e Janet Weaver cantavam canções americanas para se animar e alegrar a companhia. Todos nós calçávamos *valenki* e várias camadas de roupas. Por duas vezes, o motorista se perdeu e tivemos de dar meia-volta. Os 25 km de trajeto pareciam não ter fim. Finalmente, por volta da meia-noite, chegamos ao nosso destino e nos levaram para uma grande construção em madeira.

Nossos anfitriões, cansados de nos esperar, já estavam à mesa e haviam bebido vários copos de vodca, como meu vizinho, um coronel de nariz vermelho.

"Vencemos", ele vociferava, "meio milhão de alemães! Vamos lá, pessoal, vamos beber aos heróis de Stalingrado! De um gole só!"

E, dizendo isso, serviu pela metade um copo grande de vodca para mim.

"Porém, ele acrescentou, agora posso confessar, quando estávamos em Stalingrado, houve momentos em que pensamos em dar um tiro na cabeça. Meu Deus, como foi difícil! Mas aguentamos aquele cerco... Nunca houve nada parecido em toda a história da humanidade! Um historiador grego, Tito Levy ou Livi, disse que os romanos ganharam uma batalha assim em Cannes. Talvez vocês tenham ouvido falar dele, mas isso foi há muito tempo atrás e duvido que tenha sido igual. Vejam Pitomnik – cadáveres, cadáveres e mais cadáveres, aviões e mais aviões, e tanques!"

E, batendo no peito onde trazia sua Estrela Vermelha, continuou: "Olhem só o que o governo soviético me deu ontem! Jukov em pessoa – eu venero Jukov. Foi ele que nos conduziu com mãos de mestre, ele e nosso grande Stalin. Halkin Gol,[1] onde ele derrotou os *japas*, era só uma revanche! Mas Stalingrado não é pouca coisa! As melhores divisões hitleristas foram aniquiladas aqui! E quem as aniquilou? Nós, o povo russo! E vocês querem saber por que a batalha de Stalingrado é tão importante? Porque, quem ganhou essa batalha ganhou também a guerra, essa é a razão."

E acrescentou, em tom de confidência: "Acho que posso dizer que celebraremos o 23º aniversário do Exército Vermelho, no dia 23 de fevereiro, com a libertação de Rostov. Vai ser difícil, eu sei, mas Stalingrado não era difícil também? Ainda falta resolver umas coisas difíceis, mas nosso grande Stalin e nosso grande Rokossovsky sabem como lidar com o inimigo! Perder 10, 20 ou 10 mil vidas – o que é isso comparado à vitória? Nada! O importante é a grandeza de nosso país e do Exército Vermelho, ao qual tenho a honra de pertencer!"

A noite se prolongou assim até às quatro horas da manhã. Dentre os inúmeros oficiais presentes, apenas alguns haviam participado da Batalha de Stalingrado. Um deles, um senhor de bigodes brancos, contou ter participado de seis guerras: a primeira guerra imperialista (conforme a terminologia bolchevique em vigor), a guerra civil, a campanha de Halkin Gol contra os japoneses, a campanha da Finlândia, a campanha da Polônia e, agora, esta Grande Guerra patriótica. "Toda minha vida lamentarei não ter estado em Stalingrado durante a batalha." Depois, começou a falar de Halkin Gol e de Jukov.

Por uma razão evidente, haviam ocultado de nós o nome do lugar onde nos encontrávamos. A localização dos generais alemães prisioneiros devia naturalmente permanecer secreta. E se – hipótese improvável – paraquedistas alemães aterrissassem de repente aqui numa última tentativa para salvá-los?

Às quatro horas da manhã, fomos levados, por caminhos cobertos de neve, aos nossos alojamentos respectivos. Eu fiquei numa isbá grande e bonita. Um sargento me levou para lá; ouvi de longe a voz pouco acolhedora da dona de casa. Apesar do cheiro forte de ambiente fechado, a casa parecia bem cuidada. Cortinas de renda cobriam as janelas, e uma pequena lamparina iluminava o lugar. Havia muitos travesseiros amontoados nas camas. Num canto, ícones brilhavam suavemente na penumbra. De manhã, vimos a proprietária, uma mulher de meia-idade com uma voz masculina e desagradável. Um menino de 5 anos a acompanhava. Ele se vangloriou de ser cossaco e de querer ser nada menos do que um "comissário do povo". A mulher resmungou, maldisse os alemães e disse que, no vilarejo, a vida não era fácil. Fazia meses que não via ninguém a não ser soldados do Exército Vermelho, que sempre precisavam de alguma coisa. Outra mulher, mais jovem e menos loquaz, vivia ali com dois filhos pequenos. As pessoas tinham suas próprias preocupações, a guerra tinha levado os homens, e Stalingrado era apenas uma parcela da infelicidade e das dificuldades ligadas à guerra. Elas viam soldados russos demais e estavam cheias. Eu achava que devíamos estar em algum lugar ao norte de Stalingrado, em uma zona que os alemães não haviam ocupado.

Não saímos de casa antes das 22 horas. Durante uma hora ou duas, continuamos a rodar através da estepe. Estava um pouco menos frio do que na véspera. Via-se apenas uma paisagem coberta de neve e, aqui e ali, um vilarejo, mas nenhum vestígio de combates. À meia-noite, chegamos a um vilarejo abandonado, com isbás de aspecto miserável. Soldados por toda parte, nenhum civil. Para onde teriam ido? Ao redor, a neve cobria as estepes, nada mais.

Dividimo-nos em vários grupos antes de entrar em três isbás diferentes. Eram seis por moradia. Como não estávamos autorizados a entrar no cômodo principal onde eles ficavam, precisamos nos contentar em observá-los da soleira da porta. Só podíamos falar com os que estavam perto da porta e, ainda assim, se aceitassem falar conosco. Alguns se mantinham ostensivamente no fundo do recinto, sentados ou em pé, de costas para nós. Parecia um zoológico: alguns animais se interessam pelos visitantes, outros os ignoram. Os que ficavam no fundo não estavam barbeados e tinham um aspecto desleixado. De tempos em tempos, lançavam um olhar furioso para a porta. Já os que estavam mais perto tentavam visivelmente chamar a atenção. A primeira coisa que atraía o olhar eram as cruzes, as condecorações, as medalhas e as diversas insígnias em suas fardas. Muitos deles usavam monóculos. Verdadeiras caricaturas de Erich von Stroheim!* A realidade até mesmo superava esses desenhos inofensivos de alemães com cara de sapo de monóculo, publicados no jornal *Le Matin* durante a última guerra. Os boches. Não simplesmente boches, aliás. Eles respiravam a arrogância do boche mesclada a um sentimento de infalibilidade próprio aos nazistas. Para ser honesto, alguns eram diferentes – como Von Seydlitz, que, segundo os que o viram de perto (não foi meu caso), parecia estar se divertindo com a situação. Os dois únicos que achei diferentes foram Heinrich-Anton

---

* N.T.: Ator e cineasta norte-americano, de origem austríaca, que ficou conhecido por interpretar um oficial alemão no filme *A grande ilusão*, de Jean Renoir (1937).

Deboi e Von Schlömer. O primeiro gracejava como se achasse a situação cômica e se dizia austríaco, fazendo mímicas para não nos assustar. O segundo nos encorajava a interrogá-lo, caçoando também: "Vamos lá, vamos lá, o que vocês querem saber?". Depois, dando um tapinha familiar nas dragonas novas de um dos oficiais russos da escolta, perguntou de maneira cômica, com uma expressão falsamente surpresa: "O que é isso? É novo?", como se dissesse: "Ah, agora vocês parecem um verdadeiro exército."

E os outros? "Monstros horrendos, cheios de orgulho", como os descrevi na época na BBC. O mais antipático era o tenente-coronel Von Arnim, primo de outro oficial de mesmo nome que seria capturado na Tunísia alguns meses mais tarde. Imenso, uma expressão furiosa em um rosto cavalar, com olhos salientes e nariz longo e torto, ele ostentava um número impressionante de cruzes, medalhas e outras distinções. Assim como os outros, demonstrava não querer explicar por que se tinham deixado cair na armadilha em Stalingrado e ser derrotados...

Quando foi questionado sobre isso, respondeu raivosamente: "A pergunta está malfeita. Vocês deveriam perguntar por que conseguimos aguentar tanto tempo diante de inimigos com uma superioridade numérica esmagadora!"

E um dos que resmungavam no fundo murmurou algo sobre fome e frio.

Porém, qualquer alusão à superioridade do Exército Vermelho e de seus chefes desencadeava reações de ódio. Von Armin grunhiu e ficou vermelho de raiva.

Para piorar as coisas, o intérprete não era dos melhores. Estava nervoso, bastante confuso e, além disso, era um pouco servil. Dirigia-se a Von Armin com respeito, chamando-o de *Herr General*. Mas como estava gripado e não tinha lenço, seu nariz pingava e ele fungava sem parar. Von Armin o fuzilava com o olhar como se quisesse acabar com ele. Como os outros generais alemães, ele era mestre na arte da intimidação.

Porém, esse olhar, particularmente feroz, traía uma natureza de maníaco perigoso. Com certeza, ele não falaria de estratégia. Então, dirigindo-me a ele em alemão, perguntei apenas como estava sendo tratado. Resmungou de novo e respondeu a contragosto: "Os oficiais são corretos, mas os soldados russos – *Das Sind Diebe, das sind Halunken. So, eine Schweinerei!*", fulminou.

"Um bando de ladrões!". Seu nariz torto ficou cor de púrpura de novo. Parecia que seus olhos iam saltar da cabeça. "Roubaram todas as minhas coisas. *Eine Scheinerei! Vier Koffer!* Quatro malas cheias! Os soldados! Não os oficiais", concedeu. "*Die Offiziere sind ganz korrekt!*"

Essas pessoas haviam pilhado a Europa inteira; o que essas malas representavam em comparação?!

Não pude me conter de fazer a seguinte observação: "Suponho, *Herr General*, que seus soldados nunca roubaram ninguém!". Ele me fuzilou com o olhar e resmungou algo incompreensível. Uma discussão interessante estava começando, mas a senhorita Hu Tsi Pang, após olhar para ele como se olha um monumento, perguntou naquele exato instante o que ele pensava dos japoneses.

Von Armim respondeu com firmeza, virando-se para sua interlocutora: "Temos uma imensa admiração por nossos leais aliados japoneses que têm colhido brilhantes vitórias contra os americanos e os ingleses e desejamos que continuem assim."

A srta. Hu perguntou-lhe, então, o que eram todas aquelas cruzes e medalhas na sua farda. Ele tocou uma após a outra: a cruz alemã de ouro, com a aranha negra do *Svastika*,* a *RitterKreuz mit Eichenlaud*. E explicou que fora desenhada pelo próprio Hitler.

"Pode-se dizer que o senhor está um pouco zangado com o Führer?"

Von Armim lançou um olhar furioso e replicou secamente: "O Führer é um grande homem e, se vocês têm dúvidas, logo irão

---

* N.T.: Referência à cruz gamada, adotada pelos nazistas como um símbolo ariano.

perdê-las." O homem era um obcecado. Mais tarde, ele faria parte dos poucos generais que se manteriam afastados do Comitê da Alemanha Livre.

Um detalhe me surpreendeu: capturados apenas alguns dias antes, esses altos oficiais não pareciam nem um pouco subnutridos e gozavam de boa saúde. Aparentemente, haviam continuado a se alimentar bem enquanto seus soldados morriam de fome. Era a única explicação plausível.

O único que não parecia bem era o próprio Von Paulus. Não fomos autorizados a falar com ele. Apenas pudemos vê-lo para poder testemunhar que não se suicidara. Acompanhado por dois oficiais, ele saiu de uma casa, desceu alguns degraus, parou e olhou o horizonte num silêncio mortal. Um desses oficiais era o general Schmidt, seu chefe de Estado-Maior, sinistro personagem que se parecia com Göring e usava um estranho chapéu de peles imitando leopardo. A tez de Von Paulus estava macilenta, e um tique nervoso fazia sua bochecha esquerda tremer. Tinha uma dignidade natural que se sobressaía e só exibia uma ou duas condecorações.

Ouviu-se o clique das máquinas fotográficas. O oficial russo convidou-o polidamente a entrar – o que ele fez, seguido de seus dois ajudantes de campo, e a porta se fechou atrás deles. Só isso.

Tivemos de esperar que os veículos estivessem prontos para pegar novamente a estrada – quatro calhambeques com sete ou oito pessoas. Os automóveis Dodge e Studebaker ainda não tinham aparecido na frente russa e era preciso se virar com o que havia.

Comecei a conversar com duas sentinelas. Ambas achavam que os generais alemães eram bem tratados demais: instalados em casas confortáveis (após todas as destruições que haviam comandado) e bem alimentados.

"Até engordaram", disse um dos soldados que, para nos divertir, contou a seguinte história: "Uma jovem cabeleireira do Exército Vermelho vem barbeá-los todas as manhãs. Um deles, já no primeiro dia, teve um fraco por ela e beliscou suas nádegas. Furiosa, ela lhe deu um tapa no rosto. Ele agora tem tanto medo que ela lhe corte a garganta que está deixando a barba crescer!"

Rodamos por um tempo até outro vilarejo onde éramos esperados nas vastas dependências de uma escola pelo general Malinin, chefe de Estado-Maior do general Rokossovsky.

Malinin tinha um rosto franco, com traços um pouco fortes, o tipo de rosto dos habitantes da Rússia do Norte, cabelos grisalhos penteados para trás. Nascido em Iaroslavl, no Volga, tinha 43 anos na época. Ele participara da guerra civil e, em 1931, estudara por dois anos na Academia Militar. Mais tarde, combateu na Finlândia e foi promovido a chefe de Estado-Maior de um dos exércitos durante a Grande Guerra patriótica. Acabava de passar oito meses na linha de frente do Don e estivera ao lado de Rokossovsky na batalha de Moscou.

Ele ia se tornar o chefe de Estado-Maior do marechal Jukov e participar da tomada de Berlim.

E agora estava diante de nós, nesse vilarejo perdido no meio das estepes, em algum lugar entre o Volga e o Don, e parecia um general como dezenas de outros, um general que havia recebido somente a ordem de Kutusov e não a ordem de Suvorov por sua participação na Batalha de Stalingrado. Berlim estava ainda tão longe que não se pensava nela. Nós nos encontrávamos quase nos confins da Ásia...

Malinin nos informou que haviam enviado não um, mas dois ultimatos a Von Paulus, e que a ofensiva fora desencadeada somente após 10 de janeiro. Desde o primeiro dia, o "nariz" do "bolsão alemão" havia sido seccionado. O cerco desenhava então um círculo quase perfeito. Os alemães tentaram obstinadamente resistir, mas o Exército Vermelho estava animado de um espírito combativo a toda prova.

Nas fileiras do Exército Vermelho, só se falava da Batalha de Cannes. O coronel embriagado da véspera havia se referido a ela. Agora era a vez de Malinin. Ouvir esse antigo camponês de Iaros-

Visita a Stalingrado

Iavl falar de Cannes aqui, nas estepes do Don, como se de repente recitasse a *Eneida*, causou um efeito insólito.

Nos últimos dias, a imprensa soviética publicava artigos ora científicos, ora de divulgação sobre a famosa Batalha de Cannes. Malinin declarou que todo general ambicionava repetir a proeza de Cannes, mas que esse objetivo só fora tão bem alcançado agora. Era melhor ainda do que em Sedan. Durante a última guerra, os alemães haviam tentado em vão manobras de cerco dignas da Batalha de Cannes. Depois, Malinin prestou uma homenagem a Stalin que, afirmou ele, tomara pessoalmente a iniciativa da operação e, com um entusiasmo repentino, homenageou também os simples soldados:

> A rede das estradas e das ferrovias à nossa disposição era execrável. E, no entanto, nunca nos faltaram provisões, munições ou combustível. Cada soldado, cada motorista, cada ferroviário sabia a importância crucial do que estava em jogo. Cada ferroviário, nessas circunstâncias, conduzia mais trens do que era imaginável. O motorista de caminhão que, normalmente, não teria trabalhado mais de 10 horas por dia no inverno dirigia com frequência 24 horas a fio para conduzir nossas colunas de tropas.

Malinin acrescentou que, no início do cerco, os alemães teriam certamente conseguido furá-lo, mas Hitler dera a Von Paulus a ordem de não se movimentar. Para ele, era uma questão de honra manter Stalingrado e tinha certeza de que Von Manstein teria êxito. Mas, quando ele fracassou, já era tarde demais para deixar Stalingrado. Aliás, eles nem mesmo tentaram. A oferta de capitulação foi rejeitada e Von Paulus avisou que quem negociasse com os russos seria fuzilado.

Questionado sobre o equipamento aliado utilizado em Stalingrado, Malinin declarou que ele dispunha de alguns tanques blindados Churchill: "Eram bons canhões, mas muito poucos e seu papel não foi muito importante".

Eram três horas da tarde quando, enfim, pegamos a estrada para Stalingrado. Restavam ainda 80 km, e nosso motorista, um militar, anunciou que levaríamos 4 ou 5 horas para cobrir essa distância - na verdade, levamos 13!

Aparentemente, não havíamos ido para Stalingrado, mas para a curva do Don, o que explicava a duração da viagem. Estávamos então no noroeste de Stalingrado.

Era pena não atravessar de dia os campos de batalha, mas não podia ser diferente. Seja como for, aquela noite foi, para mim, a experiência mais forte de toda essa guerra - em primeiro lugar, porque jamais eu sentira tanto frio.

Éramos meia-dúzia amontoados em um furgãozinho caindo aos pedaços, sem banco nem banqueta, sentados, ou melhor, meio deitados em nossas bagagens. O frio era cada vez pior. Para piorar, o vidro de trás estava quebrado e fazia tanto frio quanto em um carro aberto.

Pela manhã, já fazia 20° graus negativos. Depois, o termômetro descia até -30°, -40° ou até -43°. Então, quando faz -20°, tem-se a impressão de estar no verão da Riviera! Só tendo tido essa experiência pessoalmente para saber o que significa de verdade. A respiração fica literalmente cortada e, quando se respira nas luvas, uma fina camada de gelo se forma imediatamente. Não podíamos comer nada porque todas as provisões que trouxéramos de Moscou - pão, ovos duros, assim como as primeiras tangerinas do ano - estavam duras como pedra. Poderiam ser usadas para matar alguém. Apesar de nossas *valenki*, precisávamos mexer os dedos dos pés todo tempo para reativar a circulação. Sem as *valenki*, nossos pés teriam congelado com certeza; os alemães não tinham esses calçados. Para não congelar as mãos, tínhamos de bater nelas e desenhar no ar todo tipo de figura. Quanto a tomar notas, a primeira palavra ainda era escrita direito, a segunda já lembrava as letras de um bêbado e o resto, de um paralítico. Eu me apressei para assoprar meus dedos vermelhos de frio e repor as luvas forradas de pele.

Visita a Stalingrado

    Assim instalados no furgão, sentíamo-nos até bem, mas, incapazes do menor movimento, a não ser mexer os dedos das mãos e dos pés e esfregar o nariz, acabamos sendo invadidos por uma espécie de torpor mental e físico, como se fosse uma droga. No entanto, não podíamos esquecer que o frio pode atacar onde não se espera. Por exemplo, senti de repente meus joelhos ficarem duros como um bloco de gelo – justamente numa parte menos coberta do corpo, entre a ponta das *valenki* e a parte de baixo da roupa íntima. O frio agia como uma criatura dissimulada, criando uma estratégia e sabendo perfeitamente onde atingir. Nessas circunstâncias, a garrafa de vodca é o único verdadeiro aliado. Sentimos isso naquela noite. Graças aos céus, ela não congelou, e um único golinho fazia toda a diferença. Compreendíamos o que significava combater em tais condições! A última fase da Batalha de Stalingrado havia se desenrolado em uma temperatura quase tão baixa quanto a daquela noite de fevereiro de 1943. O gelo foi com certeza uma prova terrível para os alemães!

    Quanto mais nos aproximávamos de Stalingrado, mais denso ficava o tráfego na estrada coberta de neve. Centenas de caminhões, com os faróis acesos, iam para o oeste; comboios de tropas também iam nessa direção, acompanhados por uma onda de furgões puxados por cavalos. Perto da meia-noite, ficamos presos num engarrafamento. A estrada descia uma ravina cujo fundo tinha dois ou três metros de neve acumulada, e os caminhões paravam, um após o outro, nesse amontoado. Nosso motorista deixou a estrada para contornar e ultrapassar esse congestionamento, mas as rodas dianteiras do veículo foram bloqueadas por uma lombada de neve, o que nos imobilizou por uma boa hora. Todo mundo se pôs a tirar a neve com pás: o motorista, os passageiros e os soldados de passagem vinham nos dar uma mão. Mas a tarefa era árdua e difícil. Além disso, como o tráfego continuava interrompido, não havia pressa realmente. Mas que espetáculo essa estrada oferecia! Se é que se podia chamar aquilo de estrada, pois não se distinguia mais a estrada original e a traçada na estepe pelos diferentes veículos. Entre os dois fluxos, subia agora uma parede de neve irregular cavada pelas rodas dos veículos e pelos cascos dos cavalos. O tráfego era controlado por soldados que pareciam fantasmas camuflados por longas capas brancas, armados com bastões brancos; cavalos, cavalos e mais cavalos com narinas fumegantes, de onde pendiam pedaços de gelo, avançavam lentamente na neve espessa, puxando canhões, carretas e grandes carroças cobertas. Os faróis dos caminhões que passavam nas duas direções iluminavam esse espetáculo. À beira da estrada, uma gigantesca fogueira, que enchia o ar com uma espessa nuvem de fuligem que fazia os olhos arderem. Silhuetas fantasmáticas formavam um círculo ao redor do fogo, tentando se aquecer. Outros acendiam sua própria fogueira com um pedaço de madeira retirado da principal, de modo que o acostamento da estrada era balizado por pequenos fogos. Como era bom ficar perto do fogo numa noite assim! Os soldados saltavam dos caminhões para surrupiar alguns segundos de calor, justo o tempo para receber em pleno rosto uma fuligem quente e depois voltar correndo para o caminhão. O tráfego oriundo de Stalingrado escoava ininterruptamente – caminhões e caminhões, viaturas a cavalo, canhões, carroças cobertas e até camelos, que abriam caminho pausadamente na neve espessa como se fosse areia. Todos os meios de transporte haviam sido mobilizados. Os jipes e os automóveis Dodge ainda não tinham aparecido. E milhares de soldados se dirigiam para o oeste caminhando, numa enorme multidão caótica naquela noite de inverno mortalmente fria. Mas era uma multidão estranhamente jovial e feliz, que não parava de falar de Stalingrado e de seu trabalho benfeito. O oeste, o oeste, o oeste – quantos chegariam ao fim do caminho, perguntavam-se, mesmo sabendo que estavam na direção certa.

Visita a Stalingrado

Talvez não pensassem realmente em Berlim, mas muitos pensavam, sem sombra de dúvida, em seus lares, mais a oeste, na Ucrânia, ou na Bielo-Rússia. Eles avançavam, calçando suas *valenki*, usando seu casacão acolchoado e a *chapka* de pele cobrindo as orelhas, carregando metralhadoras, com olhos lacrimejantes e lábios congelados. Como isso era melhor, ainda assim, do que ir para o leste! Todavia, outros homens vinham em sentido inverso, mas em pequeno número comparado a essa imensa maré humana; eles também tinham uma história para contar – esses camponeses de charrete, de trenó ou a pé, todos habitantes de Stalingrado que voltavam para casa no meio das ruínas. E em torno desse amontoado de automóveis, caminhões, veículos de tração animal, camelos, soldados gargalhando, xingando, rindo e dançando alegremente em volta das fogueiras, que enchiam o ar de fumaça negra e acre, estendia-se a estepe, imensa e silenciosa sob seu manto de neve. E à luz dos faróis que varriam essa paisagem gelada surgiam da noite cadáveres de homens, de cavalos, restos de material de guerra. Havíamos entrado no "bolsão" de Stalingrado e víamos projetores varrendo o céu, o céu de Stalingrado.

Finalmente chegamos à cidade. Era noite escura – fora algumas luzinhas aqui e ali –, e a temperatura estava muito baixa. Transidos de frio, saímos do ônibus. Lançaram um chamado a alguns metros; alguém agitou uma lanterna.

"Venham por aqui". Nós nos dirigimos até esse homem e o seguimos.

"Dois por aqui e dois outros por ali", disse ele, mostrando um buraco cavado no chão. "Desçam e se aqueçam".

O buraco era um pouco mais largo do que um corpo humano. Deitados em pranchas cobertas de gelo, deslizamos até o fundo do abrigo, que tinha cerca de 20 ou 25 pés. Ali, um calor agradável nos envolveu imediatamente. Como aquele pobre buraco nos parecia acolhedor e como os eflúvios de *makhorka*, espécie de tabaco, cheiravam deliciosamente!

Quatro homens com a insígnia do regimento dos guardas estavam lá; dois dormiam em beliches e os outros se acotovelavam em volta do pequeno fogão de ferro. Estes eram muito jovens – um deles, recém-saído da infância, com uma penugem no lábio superior, olhos azuis, nariz arrebitado e um bom sorriso; o outro, Nicolai, era mais sério, ainda que muito jovem também, mal devia ter 22 ou 23 anos. Os que dormiam acordaram, se espreguiçaram e, tomando consciência da situação, ofereceram-nos o beliche com grossas cobertas militares. Mas, como estávamos amontoados no abrigo, permanecemos sentados grande parte da noite, tirando uma soneca de tempos em tempos, com as costas contra o beliche ou deitados no chão, no calor do fogão que Nicolai alimentava com pedaços de isbás. Apenas o mais velho voltou a se deitar quase imediatamente, não em seu beliche, mas no chão, em um canto do abrigo iluminado por uma lamparina semelhante àquelas utilizadas em Stalingrado na época: um obus com querosene e achatado na ponta para manter a mecha. Todo mundo estava esgotado e ninguém tinha coragem de conversar. Mas depois que Nicolai nos serviu chá em velhas latas de conserva, e com a ajuda do calor, nós nos refizemos um pouco. Esses homens pertenciam ao regimento dos guardas que haviam sido encarregados da "destruição" do 6º Exército alemão. Deram-lhes alguns dias de repouso antes de voltarem ao combate.

"Quando amanhecer", disse Nicolai, "vocês poderão ver a fábrica de tratores. Ela ainda está de pé, mas é uma casca vazia! Não sobrou nada de Stalingrado. Se pedissem minha opinião, eu reconstruiria a cidade em outro local. Isso nos pouparia muita preocupação, e eu conservaria o lugar no estado em que está para fazer dele um museu."

"Sim", continuou o mais jovem, "essa calma tem um efeito esquisito agora. Há menos de três dias, os combates eram ferozes aqui. O abrigo não está bom, foram os russos que o construíram. Os abrigos alemães são muito melhores. Nos últimos tempos, eles tinham horror de sair à rua: não aguentavam o frio e morriam de medo de nossas *katyushas*. Vocês não podem imaginar a sujeira em que eles se escondiam!" O garoto riu de modo estúpido. "Esses alemães são estranhos! Eles usam calçados de cidade para conquistar Stalingrado! Sem dúvida, pensavam que ia ser fácil! É de se ver com o que se parecem agora, esses imbecis! Vão ver em Pitomnik!"

Parasitas... era a expressão favorita dos soldados do Exército Vermelho para se referir aos alemães.

"Nossas *katyushas* fizeram um belo trabalho. Em Gumrak, cercamos montes de alemães, mas eles não queriam se render. Então, colocamos 50 ou 60 *katyushas* ao redor deles e começamos a atirar! Meu Deus, se vocês vissem a carnificina...! Ou então avançávamos direto para suas *Blockhaus* e os reduzíamos a migalhas a 30 m. Na verdade, foi a artilharia que fez o grosso do trabalho. Nessa área, estávamos totalmente em vantagem. Mas eles eram durões e não queriam se render. No último dia, chegamos a uma casa onde havia uns 50 oficiais. Eles não paravam de atirar e só entregaram as armas com a chegada de quatro blindados." E enquanto bebericava seu chá, concluiu: "Mais uma batalha como a de Stalingrado e será o fim do exército alemão".

"Eles ficaram numa situação difícil", disse o terceiro homem, um armênio moreno de nariz adunco e com olhinhos acinzentados, que falava com um sotaque engraçado. "Em Karpovka - exatamente no centro do 'bolsão' -, ouvi dizer que os alemães estavam comendo gatos. Eles estavam completamente esfomeados e congelados. Aliás, um grande número morreu de frio. Os moradores da cidade tinham se virado para sobreviver, escondendo pedaços de carne de cavalo congelada. Melhor do que carne de gato! Em Karpovka, uma velha morava num abrigo. Os alemães tinham pegado seu cachorro e comido. O comandante alemão guardava uma vaca e não queria que ela fosse abatida. Os *Fritz* estavam furiosos. Finalmente, ele teve que ceder. Também havia um velho padre. Os alemães tinham aberto a igreja para ele rezar uma missa e ele havia orado pela vitória de seus hóspedes, bem-amados em Cristo. No fundo não significava grande coisa, mas isso divertia os moradores da localidade."

Os soldados caíram na gargalhada.

"Vocês precisavam ver a quantidade de caminhões que eles deixaram para trás!", retomou o mais novo. "Milhares, amontoados em cada ravina! São terríveis bandidos, mas é preciso reconhecer que eles não têm medo de lutar. Mas por que insultar e bater em pessoas indefesas, como eles fazem?"

"Pouca importa", disse Nicolai, abastecendo o aquecedor. "Logo tudo estará acabado. Eu sou operário na fábrica e, quando tivermos retomado Kharkov, minha cidade natal, volto para meu antigo emprego. Passar anos nas trincheiras é muito bom, mas estou no exército desde 1940. E até Stalingrado, o caminho foi longo, principalmente no início da guerra, em Lvov – onde estava estacionado meu regimento antes da guerra. Estranhos, esses poloneses! Antes da guerra, tivemos de deportar os elementos mais duvidosos – todo tipo de indivíduos. Mas não deportamos o bastante. Eles não paravam de repetir: 'Não queremos ser nem alemães nem soviéticos!' A gente pode compreender, é verdade. Mas então por que, pergunto, os poloneses – rapazes e moças na faixa dos 15 anos – atiravam em nós de todas as janelas enquanto os alemães entravam na cidade por um lado e nós fugíamos pelo outro? Na realidade, todos os poloneses tinham um fraco pelos alemães, essa é a verdade. É claro que há poloneses e poloneses: alguns eram muito acolhedores e calorosos conosco. É uma questão de classe, imagino."

"Em todo caso, fico contente que tudo isso tenha terminado", disse o jovem, bocejando e esfregando os olhos como um bebê. Mas passamos por momentos difíceis. Por exemplo, em Kotelnikovo, quando Von Manstein e seus homens avançaram de 80 a

90 km. Agora se pode dizer, a partida não estava ganha. Teria sido diferente se ele tivesse conseguido avançar até Stalingrado, e não estava longe disso!

"Não", disse Nicolai, "a situação não era tão ruim assim. Nosso comandante tinha tomado todas as precauções necessárias. Os alemães não teriam conseguido avançar. Mas reconheço que durante dois dias foi bem animado."

Ficamos sentados no abrigo das três às seis da manhã, no calor do aquecedor e da fumaça dos *makhorki* e dos cigarros ingleses, bebericando chá em velhas latas de conserva e dormitando de vez em quando. Bem perto de nós, na ponta do túnel estreito que nos separava do mundo exterior e do frio, Stalingrado pertencia a um mundo ainda irreal. O quarto soldado – aquele que dormira quase todo o tempo – despertou bem. Era mais velho do que os outros, com a barba malfeita e menos cuidado do que Nicolai e o armênio. Olhou bastante tempo para nós e perguntou: "Como vai a África?". E, depois de dar uma olhada no relógio, declarou que estava na hora de os três retomarem o serviço. Disse-nos para ficarmos à vontade, como se estivéssemos "em casa". Nicolai permaneceria no abrigo para alimentar o fogo. Vestiram o gorro de peles, pegaram a metralhadora e subiram o túnel.

Depois de duas horas de sono, saímos do abrigo, arrastando-nos também. Estávamos em Stalingrado!

Não era exatamente o que eu esperava.

Por alguns instantes, fiquei ofuscado pela reverberação do sol na neve. Estávamos em uma das cidades-jardins do bairro operário que os russos haviam abandonando no final de setembro. Percebi que havíamos saído das entranhas de uma casinha em ruínas. Em torno de nós, havia casas idênticas, mais ou menos danificadas ou completamente devastadas por tiros de morteiro. Sob a maioria delas, havia abrigos semelhantes ao nosso e dos quais saíam rolinhos de fumaça branca que subiam no ar frio para um céu azul pálido. O sol brilhava através de um leve nevoeiro. Ao longe, à direita, em direção do centro da cidade, viam-se imponentes silhuetas de prédios de cinco ou seis andares, ou melhor, das fachadas que ainda estavam de pé. À esquerda, a cerca de 3 km, percebia-se um grande número de gigantescas chaminés de fábrica: tinha-se a impressão de que a cidade industrial fora poupada; só restavam as ruínas da fábrica de tratores. As chaminés são um alvo difícil de acertar, e estas se mantinham de pé, aparentemente intactas.

Diante de nós, a estepe, salpicada de casas destruídas e pomares devastados, agora cobertos por uma espessa camada de neve, descia até o Volga oculta de nossos olhos por outras ruínas e pela cresta de uma colina. Ainda estava muito frio, mas um pouco menos do que na véspera. Nos caos dos escombros que cobriam o solo, viam-se detritos de todo tipo: pedaços de camas metálicas, manuais escolares, cadernos com frases em francês: "*J'ai une table et deux chaises*"!* Agora, não havia mais nenhuma nem outra. Tudo havia sido reduzido a migalhas pelos obuses ou queimado para esquentar os abrigos. Onde estavam agora os moradores e o que tinha acontecido com as crianças cuja caligrafia se lia naqueles cadernos?

Reencontramos o veículo onde o havíamos deixado na véspera. Alguns soldados, calçados de *valenki*, com casacos acolchoados e *chapkas* de peles o rodeavam; quando nos viram, eles nos convidaram a entrar numa vasta casa de madeira, mais ou menos intacta, mantida morna graças a um grande aquecedor e que lhes servia de cozinha. Deram-nos chá e ofereceram um pouco de salsichão, pão, ovos e tangerinas buscadas na viatura e mais ou menos descongeladas.

Esses soldados haviam participado dos últimos combates. Um jovem ucraniano disse: "Temos que acabar essa guerra e fazer com que nunca mais haja outra".

---

* N.T.: "Tenho uma mesa e duas cadeiras."

Visita a Stalingrado

Outro soldado, bem enrugado, mas bem robusto, acrescentou: "Esta é a minha terceira guerra. Combati os alemães na primeira guerra imperialista, fiz a guerra civil e, agora, luto novamente contra os alemães por causa desse imbecil do Hitler. Sempre os mesmos malditos alemães. Mas talvez Stalingrado sirva de lição para eles de uma vez por todas!".

Descemos de carro até o Volga através da cidade-jardim devastada, ao longo dos prédios e entrepostos ferroviários destruídos. O vento que soprava do Volga varria a paisagem desnuda e congelava a terra com placas de neve espalhadas sob um céu azul pálido. Alguns cadáveres congelados de soldados alemães ainda jaziam à beira da estrada. Atravessamos a via férrea onde se acavalavam vagões e máquinas num inextricável amontoado de ferro. Enormes tanques cilíndricos de combustível, ao longo da via destruída, estavam torcidos como velhas caixas de papelão amassadas e perfuradas de tiros de obus. Outros estavam completamente destruídos. Outros vagões e outras máquinas no fundo da ravina, as rodas para cima, e as locomotivas, como se fossem grandes animais mortos, exibiam suas entranhas. Do outro lado da estrada, uma trama de trincheiras e abrigos, de buracos de obus e crateras. Depois da via férrea, a estrada virava bruscamente, revelando aos nossos olhos o Volga congelado sob um manto branco, as árvores nuas do "Richmond Park" na outra margem e, além dela, as estepes brancas que se estendiam até a Ásia. O Volga! Fora aqui, nesta "linha de vida" de Stalingrado, que ocorrera um dos episódios mais atrozes da guerra. Os vestígios ainda eram visíveis: balsas e cargueiros destruídos, presos agora pelo gelo. Presentemente, com calma, uma fila de veículos, entre os quais trenós puxados por cavalos, e alguns soldados a pé atravessavam o rio. O Volga não estava totalmente congelado, mesmo após o terrível frio dos últimos dias. Aqui e ali ainda brilhavam pequenos círculos de água azul, onde as mulheres vinham buscar água. Aqui, nas encostas que se inclinavam até o rio, cobertas de centenas de carros e caminhões tomados dos alemães, pisávamos em um solo que os alemães nunca tinham ocupado. O veículo parou. Depois de subir alguns degraus, entramos em um abrigo surpreendentemente confortável, cavado na encosta, não de frente para o Volga como muitos outros, mas de frente para a outra margem da ravina que descia até o rio. Os alemães ainda não haviam conseguido tomar essa ravina, apesar de várias tentativas para avançar até o rio. Quantos homens haviam perdido a vida aqui nos últimos seis meses? As linhas alemãs estavam muito próximas – a menos de 300 ou 400 m da ravina.

O abrigo tinha seis beliches. Um homem mais velho abastecia a salamandra. Por isso, estava quente demais lá dentro. Vários oficiais deviam ter ficado lá durante a batalha; certos detalhes denunciavam que pessoas cultas haviam ocupado aquele abrigo: era curioso encontrar, entre os diferentes objetos, um volume de Maiakovski e os poemas de Nekrassov. Alguém devia lê-los nas tréguas entre os combates.

Não sei com o que se pareciam antes, mas agora a janelinha do abrigo tinha uma vidraça. Havia muitas caricaturas de Goebbels e de Hitler, um cartaz divertido representando um Papai Noel alemão com uma *chapka* do Exército Vermelho, pistolas e granadas de mão penduradas na parede, ao lado de um espelho rachado e de um grande relógio de cozinha cujo tique-taque e movimento do pêndulo se distinguiam perfeitamente. Teria ele marcado o tempo da mesma maneira ao longo dos dias da interminável Batalha de Stalingrado, o tempo comum, mas não o tempo vivenciado por esses combatentes, para quem uma hora equivalia a uma semana e uma semana, a um ano? Na parede, também havia uma pequena prateleira de madeira compensada, entalhada. Que mão a teria esculpido durante os dias e noites extenuantes da batalha?

No alto da encosta acima de nosso abrigo, perto do tonel de combustível crivado de buracos de obus e todo demolido, ao longo da ferrovia, um grupo de soldados estava construindo um memorial provisório com pranchas e placas de metal brilhantes. Ouvia-se o que um jovem soldado dizia: "Eu estava aqui todo o tempo dos combates. Eles bombardearam o Volga sem parar. Quando uma tonelada de bombas caía, parecia um terremoto nas margens. Mas não bombardearam nossa linha de frente por temer atingir também os seus. A linha de frente ficava bem ali, depois da ferrovia. Não deixamos que ocupassem esse terreno. Evidentemente, perdemos muita gente. É a guerra. Mas hoje eles parecem cachorrinhos que vêm comer na nossa mão. Achavam que poderiam nos empurrar para fazer bolhazinhas no fundo do rio? Era o que queria dizer *Russ bull-bull!*".

Duas fortes explosões abalaram o ar gélido. "É normal, disse o soldado. São nossos homens que estão desarmando as minas. Eles fazem de propósito; para eliminar as minas do terreno, em geral é a única maneira de proceder. Mas precisam ser prudentes: como se diz no Exército Vermelho: 'Quem desarmar não pode errar'."

Um U-2 decolou diretamente do Volga congelado e tomou lentamente a direção do sul. "Esses aparelhinhos são bons, comentou o soldado. Eles não deixavam os alemães tranquilos um único instante, principalmente à noite. Os pilotos voavam bem baixo para que nenhum canhão antiaéreo pudesse atingi-los e lançavam à mão mesmo algumas pequenas bombas. Isso não fazia muito estrago, mas perturbava o inimigo. E numa noite bem escura era muito difícil abater um U-2, sobretudo quando o piloto tinha apagado o motor. Agora", prosseguiu alegremente, "vamos liberar Kursk, o Cáucaso e toda a Ucrânia. Não precisam mais de nós em Stalingrado. Os últimos soldados vão partir daqui a uns dias".

Naquela noite, encontramos o general Tchuikov – comandante do 62º Exército, típico oficial do Exército Vermelho: durão, mas dando mostras de bom humor e cuja bondade transparecia no riso sonoro. Seu sorriso de dentes de ouro brilhava à luz das lanternas elétricas; de fato, havia eletricidade nesse vasto abrigo construído nas encostas em frente ao Volga e que servira de quartel-general na fase final da Batalha de Stalingrado. Antes disso, Tchuikov fora obrigado a mudar seu quartel-general três ou quatro vezes. A seu lado, o general Krylov, seu chefe de estado-maior, que também era um sobrevivente do cerco de Sebastopol. Aliás, Sebastopol fora para ele uma experiência capital para garantir a defesa de Stalingrado.

Tchuikov nos recebeu uma noite inteira. Soubemos mais tarde que estava convalescendo de uma doença e que, naquela noite, tinha 39º de febre. Mas não disse nenhuma palavra sobre isso.

O relato que o general Tchuikov fez para nós pode parecer meio fragmentário e descosturado hoje em dia, mas ainda era muito cedo para evocar publicamente certos aspectos da Batalha de Stalingrado; assim, ele não mencionou a extraordinária exiguidade da faixa de terra mantida pelos russos desde o mês de outubro; contudo, o relato do desenrolar da batalha pelo homem encarregado da defesa da cidade é um testemunho histórico de grande valor. Ele nos contou muito mais do que fora publicado até então pela imprensa soviética.

"Vocês me perguntaram qual foi o dia mais crítico. Pois bem, posso confessar que, entre 10 e 19 de novembro, cada dia foi crítico. Cada um dos soldados sabia que não podia abandonar Stalingrado. E não somente porque era a ordem do alto-comando. Na verdade, todos sabiam que o país inteiro e até o mundo todo contavam com eles para manter a cidade. Como um motorista de tanque disse outro dia: 'Por que mantivemos Stalingrado?'

Simplesmente porque não tinha outra saída'."

Perguntamos a Tchuikov se Stalin viera a Stalingrado durante o cerco. Ele respondeu: "Não, mas Khrushchov e Malenkov, ambos membros do Politburo, ficaram aqui praticamente o tempo todo entre 12 e 20 de dezembro. Enquanto isso, Stalin preparava o plano da gigantesca ofensiva cujos primeiros resultados vocês podem ver agora".

Apesar disso, entre o povo, permaneceu a crença de que Stalin teria ido a Stalingrado em algum momento.

Visita a Stalingrado

"Ao longo de toda a batalha", disse Tchuikov, "a educação política foi mantida em alto nível a despeito das terríveis dificuldades que atravessávamos. Naturalmente, não podíamos fazer grandes reuniões políticas, mas discussões em pequenos grupos eram frequentemente organizadas." Ele lembrou o importante papel do 62º Exército, que, em julho de 1942 - mais precisamente, dia 22 - havia segurado os alemães na região do Don, entre Kletskaya e Surovikino. Ao fazer isso, ele nos revelava o segredo do "obstáculo de Kletskaya", que havia impedido o avanço alemão para Stalingrado de três a quatro semanas!

>Nossa primeira tarefa, continuou Tchuikov, foi quebrar o ferro de lança alemão e lhes infligir o maior número possível de perdas. Se, em outras circunstâncias, eles haviam invadido todas as regiões em duas, três ou quatro semanas, aqui foram segurados por mais de 50 dias atrás do Don. Encontraram uma resistência que os impediu de progredir em média mais de 2 ou 3 km por dia. O papel do 62º Exército foi decisivo, mesmo não tendo sido o único a deter o avanço alemão. Pelos seus planos, os alemães deviam atacar simultaneamente ao norte e ao sul de Stalingrado: ao norte, passando por Morozovskaya e Kalach; ao sul, passando por Kotelnikovo. A 10 de setembro, estando unidos os dois grupos, eles podiam lançar sua ofensiva geral sobre Stalingrado. E, de fato, esse assalto geral começou em 14 de setembro. O ataque recebeu um grande reforço de recursos: inúmeras colunas de canhões, artilharia e força aérea potentes. Nosso comandante supremo nos dera ordens de não abandonar a cidade. E, apesar desses ataques maciços e do número limitado de nossos defensores, esse espírito de resistência não nos deixou. No dia 14 de setembro, os alemães fracassaram em dividir Stalingrado em duas. Após o reforço da divisão de Rodimtsev, o centro da cidade e a colina de Mamayev foram retomados, e durante dez dias os combates

foram ferozes. Quem quer que fosse o vencedor, cada vitória, tanto de um lado quanto do outro, era muito mortal.

Mais tarde, os alemães atacaram com todas suas forças do lado norte; o bairro operário e as fábricas mudaram de mãos. Alguns dos mais imponentes prédios da fábrica foram tomados e retomados umas vinte vezes.

Depois, em 30 de setembro, Hitler fez um discurso prometendo tomar Stalingrado rapidamente. Sabíamos que os alemães preparavam uma ofensiva geral. Adiantamo-nos a esse ataque, lançando nossa própria ofensiva em torno da fábrica de tratores entre 9 e 12 de outubro. Por 100 m de terreno, os combates foram ferozes e com poucos resultados, mesmo que muitos alemães tenham morrido e que, a longo prazo, tenham tido utilidade.

Depois disso, Tchuikov narrou os eventos de 14 de outubro de 1942:

> Naquele dia, os alemães passaram ao ataque. Esse dia permanecerá gravado nas memórias como o mais sangrento e mais feroz de toda a Batalha de Stalingrado. Ao longo de uma estreita linha de frente de 4 a 5 km, os alemães lançaram cinco divisões de infantaria e duas divisões blindadas, apoiadas por uma potente artilharia e forças aéreas consideráveis. O dia começou com uma terrível barragem de artilharia e contamos nada menos do que dois mil ataques da Luftwaffe. Não se conseguia mais distinguir entre as diferentes explosões no rugido contínuo e ensurdecedor que constituía o fundo sonoro. Não se via mais nada a 5 m de distância devido à fumaça e a uma poeira espessa. Era incrível: as vibrações no abrigo tinham tal intensidade que um copo em cima da mesa se despedaçava. Naquele dia, 61 homens de meu quartel-general pereceram. Depois de quatro ou cinco horas dessa barragem assustadora, os alemães começaram a avançar com

Visita a Stalingrado

os blindados e a infantaria. Progrediram 1,5 km e conseguiram chegar até a fábrica de tratores. Nossos oficiais e soldados não recuaram nem um passo e, se os alemães continuavam a avançar, era sobre os cadáveres de nossos homens. Mas as perdas alemãs foram tais que não puderam manter a força de ataque.

Foi nesse momento que os alemães avançaram até o Volga. E quando Tchuikov disse que os alemães não estavam mais em condições de manter o avanço no mesmo ritmo, isso significava que não tinham mais força para ampliar seu bolsão ao longo do Volga.

Tchuikov acrescentou que, desde outubro, os alemães não haviam praticamente avançado mais:

> A partir dali, e até o fim, os dois exércitos continuaram a se enfrentar; o *front* se estabilizou. Apesar disso, o alto-comando nos ordenou, em novembro, que "ativássemos" nosso *front*. Era essencial que as divisões do grupo de Stalingrado "ocupassem" os alemães com constantes ataques e desviassem assim sua atenção dos flancos. Sabemos o que veio depois.

O que mais ele nos disse ao longo dessa noite que nos reuniu em torno de uma mesa no fundo de um abrigo de Stalingrado, somente três dias após o fim dos últimos combates?

> Reconheço que os alemães não cometeram grandes erros táticos. Mas nosso exército era mais sólido, mais bem equipado e com uma liderança melhor. Em compensação, no plano estratégico e político, os alemães cometeram um erro atrás do outro. A responsabilidade disso é dos chefes militares e do próprio Hitler em particular. Resultado: os alemães perderam na Batalha de Stalingrado (a partir dos combates no rio Don) não menos de meio milhão de homens.

Quanto à extensão da margem do Volga ocupada pelos alemães, dentro de Stalingrado mesmo, Tchuikov esclareceu que ela alcançava "2 km no nível da fábrica de tratores e 6 km ao sul". Ele mencionou Kuparosnoie sem precisar, todavia, que os 6 km estavam ao norte dessa vila e incluíam uma porção do Volga no centro da cidade de Stalingrado. Prestou homenagem aos homens das diferentes divisões: à divisão do general Joludev, que defendera a fábrica de tratores quase até o último combatente; à de Ludnikov e à de Rodimtsev, salientando, entretanto, que mesmo que esta tenha tido um papel significativo para "salvar" Stalingrado o mesmo podia ser dito de todas as divisões em um momento ou outro.

Tchuikov lembrou igualmente os combates à granada, os corpo a corpo e os noturnos – em geral, em grupos de seis a oito soldados –, que também contribuíram para "salvar" a cidade. Não esqueceu os operários que continuaram, sob os tiros de obuses, consertando os tanques e que, após a destruição completa da fábrica, agruparam-se para formar unidades antitanques.

O comandante falava de seus homens com uma afeição paterna, e algo de particularmente humano emanava dele (mesmo que, como vários oficiais russos me disseram depois, ninguém se comparava a ele em acessos de raiva, exceto o marechal Jukov). Quando alguém disse "Esperamos que Berlim seja destruída até a última pedra, assim como Stalingrado", Tchuikov respondeu, com uma ponta de ironia: "Vocês falam como civis. Para nós, os militares, isso não interessa. Tudo o que sei é que, embora os alemães tenham decretado três dias de luto nacional pelas vítimas de Stalingrado, seu dia mais negro ainda não chegou. Mas isso não tarda e, quanto mais cedo houver uma segunda frente para nos apoiar, melhor será!".

Tchuikov era um puro produto do regime soviético. Nascido em Tula em um meio camponês, em 1900, entrou como aprendiz, aos 12 anos, em uma das fábricas de armamento de Tula, cidade de operários conhecidos por sua competência, suas sólidas qualidades profissionais, seu humor e alegria de viver. Em Stalingrado, essas qualidades foram preciosas. Em 1918, Tchuikov entrou para o Exército Vermelho, participou dos combates contra o general cossaco Krasnov na região de Tsaritsyn e depois contra o almirante Kolchak, comandando um regimento. Em 1920, combateu na Polônia e, bem mais tarde, comandou um exército na campanha da Finlândia. Seu destino o levara também à Espanha, mas sobre esse assunto ele se mostrava pouco loquaz (como, aliás, os russos, em geral). Na prática, tanto a Grã-Bretanha como os Estados Unidos haviam estado do outro lado (contra os republicanos) e seria indelicado falar disso agora que eram aliados da URSS.

"O senhor é membro do Partido?", alguém perguntou. Ele se pôs a rir, revelando duas fileiras de dentes de ouro. "Isso é tão importante? Pois bem, eu sou membro do Partido, naturalmente, e há muito tempo."

Eu só voltaria a rever Tchuikov em junho de 1945, na cerimônia organizada pelos Aliados para celebrar a derrota dos alemães. Ele era um dos vitoriosos de Berlim e, por essa razão, estava sentado com o marechal Jukov e outros altos oficiais soviéticos a uma mesa coberta por uma toalha verde, no iate clube de Wendenschloss, ao lado de Eisenhower, Montgomery e De Lattre de Tassigny. No entorno, as *villas* luxuosas abandonadas pelos nazistas, com suas sebes de rosas e jasmim, e os barcos a motor no lago pareciam estar a anos-luz do solo congelado e do frio mortal daquela noite de inverno em Stalingrado, do Volga congelado com seus navios destruídos, presos no meio do rio.

"Sim, o caminho foi longo e difícil", me dissera Tchuikov naquele dia em Berlim. "Olhe" – e seu sorriso brilhou em todo seu esplendor dourado – "não foi tão catastrófico quanto você pensa. É fato que era uma tarefa dificílima abastecer Stalingrado, mas ainda assim conseguimos que 90% das provisões chegassem à cidade!".

Um pouco mais tarde, encontraríamos também o general Rodimtsev, apresentado pelos jornais como o "salvador de Stalingrado". Tchuikov considerava que a importância que a imprensa dera à ação de Rodimtsev era desproporcional e vinha em detrimento de outros generais que haviam dado provas de igual bravura. Na verdade, essa divisão sofrera perdas tão terríveis que, depois do final de setembro, teve um papel menor nos combates de Stalingrado.

Naquela tarde, nosso carro atravessou o Volga congelado até uma grande isbá no meio do "Richmond Park", onde descansava o general Rodimtsev, que nos recebeu. Era um homem bonito, elegante, bem cuidado, com um olhar frio e um sorriso irônico nos lábios.

Ele reunira alguns camaradas de armas – um georgiano chamado Taverkaladze, célebre franco-atirador que havia abatido 162 alemães, e muitos outros homens da famosa divisão Rodimtsev. Entre eles se encontrava a "unidade dos músicos", que, aparentemente, participava de tempos em tempos dos combates, mas cuja função principal era cantar e dançar para distrair os outros combatentes entre dois assaltos. Agora, eles cantavam músicas burlescas sobre Hitler e Goebbels, marchas militares e a popularíssima canção de caserna intitulada *O abrigo*, música sentimental e melancólica que, disse Rodimtsev, estivera entre as canções preferidas em Stalingrado. Surkov, o "poeta do soldado" – assim como Simonov era o "poeta dos oficiais" – escrevera sua letra:

> A chama vacila no aquecedor estreito
> A resina brilha como uma lágrima na tora de madeira,
> E o acordeão em meu abrigo
> Me fala de seus olhos e de seu sorriso...
> Você está bem longe, tão longe de mim,
> Quilômetros de neve nos separam;
> Você está tão longe que não posso alcançá-la.
> Mas a morte ronda à minha porta.

Visita a Stalingrado

> Toque, acordeonista, toque,
> Lance um desafio à borrasca,
> Traga novamente a felicidade, que se afasta.
> Este abrigo tão frio está aconchegante, pois
> Meu coração esquenta pensando em você.

Rodimtsev nos falou de muitas outras coisas também. De sua juventude no campo no duro clima de Chkalov, entre os Urais e o mar Cáspio, com verões ardentes e invernos rigorosos; de sua formação militar, de sua ida à Espanha como voluntário, em 1937, onde "executara as ordens do comando soviético". Mencionou o nome de duas cidades que me trouxeram velhas lembranças: Madri e Saragoça. A cidade universitária e Guadalajara, mas sem entrar em detalhes.

Ele nos contou que todos seus oficiais e a maioria de seus soldados eram *komsomols* ou membros do Partido; que, originalmente, sua divisão era de paraquedistas, de homens muito selecionados, com uma resistência excepcional e força física fora do comum. Tínhamos a prova disso diante de nós!

Depois, Rodimtsev contou como ele e seus homens, após terem combatido na região de Kursk, haviam chegado à do Volga e como, na noite de 14 de setembro, atravessaram o Volga em Kamychino, a 70 km ao norte de Stalingrado. Detalhou como eles seguiram a margem esquerda do rio até um lugar situado em frente a Stalingrado, onde reatravessaram o rio à noite, abaixo de tiros de obus e de morteiro. Contou como, nesse primeiro dia em Stalingrado, uma parte da divisão limpou o centro da cidade dos alemães que haviam conseguido avançar, alguns dias antes, e como outra parte da divisão lançou o assalto e retomou a colina Mamayev. Mais tarde, nos primeiros dias de outubro, o inimigo recuperou essa colina. Nesse ínterim, no centro da cidade, os homens de Rodimtsev repeliram ataque após ataque, às vezes dezenas de tanques inimigos. A maior parte dos combates se desenrolou em duas ravinas: o *Dolguikh* e o *Krutoi*, de onde os alemães tentavam avançar rumo ao Volga. Porém, depois das grandes batalhas de setembro, a divisão recebera ordens de ficar principalmente na defensiva – o que não excluía os combates de rua nem os combates de casa em casa, longe disso. E a divisão de Rodimtsev era a mais aguerrida nesse tipo de combate. Ele descreveu alguns desses estranhos confrontos como o "combate em sanduíche": os alemães no andar superior e inferior de um prédio, e os russos no andar do meio. Eles precisavam então fazer buracos no teto e no chão e utilizar lança-chamas. Perguntei se tinha havido muitas perdas em sua divisão. Rodimtsev evitou a questão, dizendo que "em tempos de guerra, as perdas sempre eram grandes, mas que *as deles* eram maiores ainda".

Depois, fez os comentários habituais sobre a coragem do soldado russo que lutava até o último suspiro, o que, vindo dele, tinha muito sentido. Declarou que o Exército Vermelho estava na vanguarda da luta pelo progresso da humanidade e que, usando toda a sua influência, as "nações progressistas do mundo" logo ganhariam a guerra e não colheriam vitórias apenas na África.

Esqueci o que mais contou, mas ele estava em plena forma ao longo daquele jantar, dizendo-se pronto "a atacar agora o general Franco". No último dia, explicou, os combates haviam sido especialmente ferozes. Em um dos setores da cidade, os alemães simplesmente se recusaram a se render. Enquanto a oeste, no setor da fábrica Barrikadi e do bairro operário, 1.500 homens haviam sido feitos prisioneiros, em outros lugares, foi preciso literalmente exterminar os alemães, à exceção de alguns grupos de três ou quatro soldados que se renderam. "Acho que eles sabiam que éramos paraquedistas e estavam convencidos de que íamos matá-los todos."

"Bem, acho que não vamos ficar aqui eternamente. Ainda temos um longo caminho pela frente, mas chegaremos lá. Stalingrado fará parte das lembranças."

Visita a Stalingrado

Hoje em dia, em 1945, acostumamo-nos a ver ruínas. Isso se tornou até mesmo um espetáculo entediante. Mas, em 1943, ver uma cidade em ruínas como Stalingrado marcava alguém para sempre. Até então, eu vira cidades bombardeadas, como Coventry, Portsmouth e o East End londrino. Mas esses bombardeios tinham algo de impessoal, como se um furacão tivesse devastado o país. Além disso, as destruições eram parciais, diferentes de futuras destruições totais, como as do centro de Berlim, por exemplo. Em Stalingrado, porém, o menor pedaço de terra fora um campo de batalha. Durante cinco meses, cada metro quadrado fora revirado, "moído", como dizia uma expressão russa horrível, mas eloquente. Em cada passo dado no chão torturado e gelado, tinha-se a impressão de estar caminhando sobre ossos e carne humana. E, às vezes, isso era verdade.

Dois anos se passaram desde então e não guardei na memória todos os detalhes daqueles dias. Mas lembro claramente de uma manhã tranquila nas encostas do Volga, da fábrica Outubro Vermelho em ruínas, das encostas da colina Mamayev, palco de cenas de pesadelo, da passagem por entre as ruínas para chegar ao centro de Stalingrado, da loja Univermag, de onde Von Paulus saíra e depusera as armas – e sobretudo das ruínas da casa do Exército Vermelho, com seus alemães morrendo de fome e frio em uma sujeira repugnante.

Naquela manhã, subi de novo até o pequeno monumento que estava sendo construído em memória dos soldados mortos em combate no pico da encosta. Abaixo se percebia o Volga congelado, com 1,5 km de largura, e, para além, mergulhados em uma bruma violeta, os carvalhos e os álamos do delta. Sobre o gelo circulavam, exatamente como no dia anterior, muitas viaturas a cavalo e caminhões. A neve cintilava ao sol, sob o céu de um azul pálido e glacial. Ao pé da encosta, amontoavam-se dezenas de carros e caminhões alemães. Por um instante, parecia um passeio de uma estação balneária, como Brighton ou Blackpool, com seus carros estacionados. Toda a atividade da cidade parecia se concentrar nessas margens geladas. Todos os habitantes – pelo menos os que não haviam deixado Stalingrado e tinham sobrevivido, e os que voltaram – viviam nos abrigos cavados nas encostas, bem perto do rio. Mulheres e até algumas crianças tinham conseguido sobreviver ali. As mulheres lavavam as roupas e faziam todo tipo de tarefas para o exército.

Um russo e dois prisioneiros alemães trabalhavam na construção do monumento. Um soldado baixinho se aproximou de mim e começou a conversar. Era um bashkir de uns 20 anos, nitidamente mongol e com olhos risonhos. Seu russo não era muito bom, mas conseguia se comunicar.

"Olhe esses restos de tanque de gasolina. Se você visse as chamas e a fumaça que saíam disso! Eu estava aqui. Eles nos bombardeavam o dia todo ["eles" queria sempre dizer os alemães]. Dezoito ou vinte aviões chegavam ao mesmo tempo e miravam diretamente nossos abrigos. Eles acertaram meu abrigo e mataram 18 pessoas. Naquela hora, eu estava fora, o que salvou minha vida. E a batalha da fábrica Outubro Vermelho! Se você visse! Os canhões faziam um barulho! Nós matamos muitos deles! Eles se amontoavam às dezenas em pilhas." Isso o alegrava enormemente. Ele mostrou os dois alemães que trabalhavam no monumento, ambos barbudos, um ruivo e um moreno.

"– Você fala a língua deles?
– Sim.
Então venha falar com eles!"

Eles estavam cavando a terra gelada em torno do pequeno memorial feito sumariamente de folhas metálicas e de lâminas de cobre. A paisagem em volta não passava de um campo de ruínas e era sua obra.

"*Na Wie Geht's?*" [Como vai?]

O alemão barbudo respondeu, sem esconder sua surpresa:

"*Ganz Gut!*" [Muito bem!], em um tom alegre e enérgico ao mesmo tempo.

"Então, vejo que os russos não mataram vocês."

"Não", respondeu, sem mudar de expressão. Traduzi para o bashkir, que fez uma expressão de reprovação: "Depois de tudo que eles nos fizeram passar... Eu os vi com meus próprios olhos talhando uma estrela vermelha nas costas de um prisioneiro de guerra antes de matá-lo. Aqui mesmo, na fábrica. E agora eles usam nossas *valenki*".

De fato, ambos estavam usando *valenki* e *chapkas*. Um dos prisioneiros vestia um uniforme alemão cinza-esverdeado sujo, por cima de uma mistura de roupas; o outro exibia um capote russo. "Os russos nos deram essas *valenki*. São formidáveis essas botas de feltro", disse um deles.

Quando lhe falei do episódio da estrela vermelha, ele fez uma careta: "Nunca ouvi falar disso." "Eles fizeram isso com as próprias mãos e, agora, não sabem de nada! São todos iguais!", retorquiu o bashkir.

Os dois eram de Berlim. Perguntei se ainda consideravam Hitler o maior homem do mundo. Protestaram energicamente; barba ruiva disse que fazia parte das Juventudes Comunistas e barba negra, que fora social-democrata.

"*Ach!* Que mal Hitler fez ao mundo e à Alemanha", disse barba ruiva em um tom sentencioso.

"Stalingrado, é claro... Mas na Alemanha não é melhor, em Colônia, Dusseldorf e em bairros inteiros de Berlim. As coisas vão de mal a pior."

Embora muito magros, eles pareciam estar em forma. "Comemos bem", confiaram-me, e estavam sinceramente surpresos de serem tão bem tratados.

Ao longe, ouviam-se minas explodindo de vez em quando – pelo menos, era o que eu pensava. Mas o jovem bashkir me esclareceu: "Não são minas; nós explodimos a terra congelada para cavar fossas comuns para nossos irmãos em armas mortos. Há tantos mortos a enterrar por toda parte...".

Depois, ele voltou a falar dos ataques aéreos alemães, dos bombardeiros que afundavam barcos no Volga, e nos contou que, numa manhã, os alemães haviam afundado um navio (daqueles que faziam cruzeiros) cheio de crianças que estavam sendo levadas para o outro lado do rio. Três mil crianças morreram afogadas.

"Mas vocês deveriam estar aqui há dois dias, quando festejamos a vitória! À noite, lançamos milhares de foguetes alemães; havia mais foguetes no céu do que durante os combates!"

O sargento russo encarregado de vigiar os dois alemães acompanhava nossa conversa com indulgência e com uma ponta de diversão. Mas eles precisavam voltar ao trabalho!

"Como eles se comportam?", perguntei.

"Bem, *nitchevo*", respondeu.

Eram dois alemães de Stalingrado. Toda essa cena era bastante reveladora do temperamento russo. Não era raro que um soldado do Exército Vermelho, depois dos combates mais ferozes, se encarregasse de um ou dois prisioneiros alemães – como acontecia com aqueles dois – e que os tratasse como bichos de estimação. Vi casos em que o "bicho de estimação" e seu dono eram muito apegados um ao outro, sobretudo se o bicho tinha certeza de ser protegido e bem tratado por seu dono.

O que dizer da fábrica Outubro Vermelho, palco de um dos mais mortíferos combates? Subíamos a encosta da ravina conhecida pelo nome de "Ravina da morte". A subida era íngreme por cerca de 800 m. Abaixo, via-se o Volga congelado. Era nesse lugar que os barcos atravessavam o rio. Os alemães tentaram em vão avançar ali. À noite, de vez em quando, seus homens armados de metralhadoras entravam uma boa distância na ravina. Outrora havia casas em cada lado do rio, agora em ruínas; quando estávamos passando, uma mulher e três crianças saíram de um abrigo, e ela se dirigiu a nós de maneira confusa. À medida que falava, ia ficando histérica, e uma das crianças começou a chorar.

Os combates corpo a corpo duraram semanas dentro do prédio principal da fábrica Outubro Vermelho, sob uma batelada de tiros de obus e de morteiro, e sob os ataques incessantes de blindados e aviões. Lutara-se por uma oficina ou pela metade dela, por uma ponta de cano de escoamento. Impossível saber o que teria sido o chão original. Descia-se e subia-se até perder o fôlego. Impossível distinguir entre uma inclinação natural e a beira de uma cratera aberta por uma dezena de bombas que caíram no mesmo lugar. Havia trincheiras nos pátios e nas oficinas da fábrica; no fundo delas, jaziam cadáveres congelados – com o uniforme verde, alemão, ou o cinza, russo – e pedaços de corpos humanos congelados entre os destroços. Por toda parte, arames farpados, minas semicobertas, cartuchos de obuses, pedaços de paredes, montes de barras metálicas enferrujadas e torcidas cobriam o chão. Uma alta chaminé de tijolos vermelhos da fábrica, toda furada, mantinha-se quase intacta acima do conjunto. Era difícil imaginar que alguém pudesse sobreviver num lugar assim. Mostraram-me um pedaço de parede com as últimas palavras escritas pelos homens de uma unidade: todos haviam perecido. Agora, um silêncio mortal reinava nesse inferno glacial e fossilizado. E sem um esforço de imaginação, nada daquilo fazia realmente mais sentido. Enquanto subíamos a encosta da colina Mamayev por um caminhozinho estreito, alguém lembrou que outrora havia ali um imenso pomar com as melhores melancias do país e onde, nas noites de verão, casais de Stalingrado vinham passear e tomar o ar fresco das estepes. O major desfiava rapidamente datas e números. Essa colina era o lugar estratégico de Stalingrado, pelo menos era o que os alemães pensavam. Haviam-na tomado no início de outubro; depois os russos a retomaram, em tal e tal data; e os russos de novo. Falou também das divisões alemãs cuidadosamente selecionadas – a 195ª Divisão de infantaria e o 216º Regimento de infantaria.

Ele acrescentou que o cume da colina fora retomado pelos homens de Batiuk em 11 de janeiro, mas que os alemães não largavam a caixa d'água, mais adiante, e que só saíram de lá em 30 de janeiro, somente um dia antes da rendição de Von Paulus. Falou também dos blindados que subiam as encostas: primeiro, os tanques alemães; depois, os russos. Os canhões alemães eram literalmente pulverizados por comandos suicidas armados de granadas de mão e coquetéis incendiários. No alto da colina, os alemães continuavam a manter abrigos enquanto os russos, bem perto, já içavam a bandeira vermelha. Não se podia negar que os alemães eram combatentes corajosos.

No ponto mais alto dessa colina funesta, os russos já haviam construído, nos dois dias anteriores, um obelisco em madeira, pintado de um azul vivo e com uma estrela vermelha na ponta. Olhei ao meu redor. Entre os troncos quebrados de árvores frutíferas, milhares de capacetes na neve, fragmentos de obus e de todo tipo de metal cobriam o solo lacerado, congelado e com montinhos de neve aqui e ali, mas não havia nenhum vestígio de cadáveres, exceto uma cabeça escurecida pelo tempo, cujos dentes brancos atraíam o olhar. Um russo, um alemão? O major me disse que os russos haviam sido enterrados e que os corpos de 1.500 alemães ainda esperavam, amontoados do outro lado da colina. Quantos milhares de obuses haviam estraçalhado esse chão onde, menos de seis meses antes, frutas amadureciam? No meio do caminho, um tanque calcinado pela metade, virado para o alto da colina. "Deve ser do dia 11", disse o major.

Do alto da colina, o olhar abraçava todo o panorama: as chaminés das fábricas logo abaixo à esquerda; o Volga congelado e, a 5 km à direita, os grandes prédios do centro da cidade. Bem perto, ao pé da colina, um prédio branco, curiosamente intacto, ainda tinha uma placa com a seguinte inscrição, como uma brincadeira macabra: "Conglomerado de carne".

E depois disso? Lembro-me de nossa chegada a Stalingrado, o carro seguia uma longa avenida com árvores despedaçadas que margeava o Volga. No caminho, viam-se bondes pulverizados, triturados e calcinados, talvez no grande bombardeio de 23 de agosto. De cada lado da rua, todas as casas estavam calcinadas, exceto pelo que nos pareceu uma visão extraordinária no meio dessa desolação geral: uma graciosa pequena isbá, com cortinas de renda nas janelas; um rolo de fumaça que saía da chaminé alegrava o coração.

Antes da guerra, Stalingrado era uma das cidades mais modernas da URSS. Todo seu centro, bem como suas fábricas, havia sido construído nos últimos dez anos. Os grandes blocos de prédios (talvez Gay, o famoso cardiologista, atendesse seus pacientes num deles) haviam incendiado, é claro, assim como a estação que ladeava a praça principal, em cujo centro havia uma fonte decorada com estátuas de crianças dançando. Braços e pernas tinham se despedaçado, mas a dança continuava.

Continuava fazendo em torno de 30º negativos e sentíamos um frio enorme. O carro nos deixou na grande praça diante da fonte com as estátuas. Em uma ponta, amontoavam-se papéis velhos: cartas, mapas, livros, fotografias também, como a de um jovem de lábios finos em uniforme de sargento, com ar satisfeito – o típico *Herrenvolk*. Em outras, viam-se crianças pequenas em casa, na Alemanha, e um grupo de mulheres maduras sorrindo, satisfeitas, com chapéus ridículos, posando no cais de um grande rio, aparentemente o Reno. Também havia uma carta de uma criança chamada Rudi: "Agora que vocês tomaram '*Die Grosse Festung Sewastopol*', a guerra vai logo terminar contra '*Die verfluchten Bolchewiken, die Erzfeinde Deutschlands*'". A "verdadeira fotografia" de Von Paulus prisioneiro, que os russos, para ganhar tempo, haviam reproduzido e atirado sobre os últimos grupos de combatentes alemães. O texto em alemão do ultimato de Rokossovsky e de Voronov de 10 de janeiro, curiosamente impresso em papel azul escuro e, por isso, difícil de ler, mas fácil de achar na neve. Por fim, um mapa da Europa e da África e um livro de preces católicas, de capa verde, intitulado *Geistige Rustung fur Soldaten*. Fora impresso em Colônia, a 13 de agosto de 1939 (prevendo a invasão da Polônia). Ele não fazia referência a Hitler, mas a Hindenburg e a Mackensen e, na página 30, havia a seguinte passagem:

> Mostre-se digno de um verdadeiro guerreiro alemão, um intrépido. Não exija o que ultrapassa as forças humanas. Seja um defensor da justiça. E, mais do que tudo, defenda os homens e as crianças inocentes. Compartilhe seu pão com os pobres. Aja como gostaria que um soldado estrangeiro agisse em sua própria casa. Mesmo em terra estrangeira, a crueldade e a insensibilidade mancham a honra do soldado. Seja cavalheiro, sobretudo com as mulheres. Pense em sua irmã, mãe, noiva, esposa. Pergunte-se como gostaria que elas fossem tratadas por soldados estrangeiros.

Seguia outra passagem intitulada "Seja casto", que começava com estas palavras: "Mais uma vez, seja cortês com moças e mulheres inocentes".

Que brincadeira sinistra era aquela? O livro fora escrito por um padre chamado Dr. Zillikens, de Colônia. Para calar sua consciência, sem dúvida, às vésperas da invasão da Polônia católica!

Em seguida, fomos mais para o sul, para a outra grande praça da cidade, pela avenida principal, entre conjuntos residenciais calcinados. No meio da calçada, jazia o cadáver de um alemão. Provavelmente tinha sido atingido por um obus em plena corrida: suas pernas ainda pareciam correr, embora uma delas tivesse sido cortada acima do joelho por um pedaço de obus. Um osso saía da carne vermelha congelada, lembrando uma mesa de açougueiro. Seu rosto não passava de uma papa congelada e, ao lado do corpo, uma poça de sangue igualmente congelada.

Continuamos a pé até o fim da rua – que, pelo que se podia ver, fora a principal rua comercial do centro de Stalingrado. Todas as

Visita a Stalingrado

casas haviam sido construções modernas e sólidas. Algumas não eram mais do que conchas vazias. Em outras, atingidas por tiros de obus, o contorno fazia pensar em desenhos fantásticos. No canto da praça que ficava em frente à grande loja Univermag, um enorme pedaço de parede pontiagudo parecia prestes a cair. Esse quadro me lembrava, por certos aspectos, antigas fotos de Ypres feitas logo após a última guerra. Na praça, dois prédios ainda estavam de pé, imponentes e grandes, apesar das paredes queimadas: a casa do Exército Vermelho e a grande loja Univermag. As ruas em volta estavam quase desertas, fora alguns soldados perambulando, com o ar desnorteado. Fora ali, no subsolo da Univermag, que ocorrera um dos últimos atos – o mais dramático – da Batalha de Stalingrado: a rendição do marechal Von Paulus e de 45 mil combatentes alemães cercados no centro da cidade, em 31 de janeiro de 1943. Os outros combatentes, que se encontravam ao norte do "bolsão" de Stalingrado, ainda resistiram dois dias, até verem as fotos da rendição de seu comandante-em-chefe. Tiros de obus acabaram convencendo-os a se renderem.

Entramos em um subsolo que não se distinguia em nada de um subsolo comum. De cada lado de um corredor, alinhavam-se salinhas que deviam ter sido escritórios e que foram também a última residência de Von Paulus e de seu Estado-Maior. A janela de seu quarto chegava até o nível da calçada externa e fora protegida por sacos de areia, empurrados naquele dia para liberar a janela, com vidros curiosamente intactos. Havia um estrado metálico, duas cadeiras e, no corredor, um piano vertical.

Encontramos o soldado que havia capturado Von Paulus – um jovem loiro de nariz arrebitado e rosto jovial, o tenente Fiodor Elchenko, que chamavam de Fédia. Contou com detalhes como havia capturado o marechal de campo. Mais ou menos assim:

A 31 de janeiro – um dia depois do décimo aniversário do regime hitlerista, e o Führer tinha decidido não falar nesse dia –, os russos se aproximavam do centro de Stalingrado, vindos de todas as direções. Os alemães, meio mortos de fome e frio, continuavam a resistir. Em primeiro lugar, os russos recuperaram a praça situada na frente da Univermag; para isso, tinham feito, durante todo o dia, uma barragem de tiros de obus e de morteiro entrecortada de lança-chamas. Depois, eles cercaram progressivamente a loja. Foi então que Elchenko ficou sabendo por três oficiais alemães feitos prisioneiros que Von Paulus estava no subsolo da loja.

> Começamos a bombardear o prédio e, no momento em que os obuses iam atingir o alvo – minha unidade se encontrava exatamente na frente de uma das entradas da loja –, um representante do major-general Roske pulou pela porta e fez um sinal com a mão. Consciente do enorme risco, atravessei a rua e me aproximei. O oficial alemão chamou então um intérprete e me transmitiu o seguinte pedido: seu chefe mais graduado queria falar com o nosso. "Nosso chefe tem mais o que fazer agora. Seu chefe vai precisar se contentar comigo." Durante toda essa cena, os nossos continuavam a bombardear o prédio a partir da calçada da frente. Chamei alguns de meus homens – 12 homens e 2 outros oficiais me acompanharam, todos armados, evidentemente. O oficial alemão se dirigiu a mim: "Nosso chefe pede para falar com um ou dois homens, não mais do que isso." Finalmente, nós nos entendemos para que três homens entrassem no subsolo. Ele está vazio agora, mas se vocês vissem antes! Centenas de soldados se amontoavam lá. Era impossível se mexer de tão apertados que estavam, como na hora do pico do metrô. Estavam sujos, tinham fome, cheiravam mal! E estavam com medo! Tinham se refugiado ali para tentar escapar aos tiros de morteiro.

Em seguida, Elchenko foi levado ao major-general Roske e ao chefe de Estado-Maior de Von Paulus, o tenente-general Schmidt (aquele que usava um gorro com pele de leopardo). Roske declarou que eles iam negociar a rendição em nome de Von Paulus, e que este "desde ontem não respondia por mais nada". Tudo aquilo era um pouco misterioso. Elchenko acrescentou que não conseguia entender quem comandava. Será que Von Paulus delegara sua autoridade a Roske ou estava procurando evitar se render pessoalmente, ou então havia um desacordo entre Von Paulus e os outros? Provavelmente não, pois Roske e Schmidt iam todo tempo ao quarto perguntar a opinião de Von Paulus. Ao que parecia, este não queria negociar diretamente com um mero tenente russo. Por fim, o tenente foi levado ao quarto: barba por fazer, ar sombrio, Von Paulus estava deitado na cama, de uniforme.

"Então é o fim", eu lhe disse. Ele me lançou um olhar abatido e fez sinal que sim. Depois, de volta ao outro cômodo – o corredor ainda estava cheio de soldados –, Roske me disse: "Tenho um pedido a lhe fazer. Ele deve ser levado em um carro decente, com uma boa escolta, para que os soldados de vocês não o matem como a um vagabundo qualquer."

Ao lembrar disso, Elchenko se pôs a rir.

Respondi ok, e Von Paulus foi de carro até o gen. Rokossovsky. Ignoro o que aconteceu depois, mas, durante dois dias, juntamos os prisioneiros alemães. Eles ocupavam toda a praça principal. Depois, os outros alemães, ao norte da cidade, também se renderam, mas neste bairro de Stalingrado os combates continuaram ainda por algumas horas depois de capturarmos Von Paulus. Todavia, assim que souberam o que tinha acontecido, eles se renderam sem problema.

Voltamos para a rua. Tudo estava estranhamente silencioso. O cadáver do alemão com a perna arrancada continuava ali, a alguns passos. Atravessamos a praça e entramos no pátio da grande casa do Exército Vermelho, inteiramente calcinada. Ali, entendia-se com mais clareza o que tinham sido os últimos dias de Stalingrado para os alemães.

Sob o pórtico jazia um esqueleto de cavalo. Não restavam mais do que alguns fiapos de carne grudados em seus ossos. No pátio, descobrimos inúmeros esqueletos de cavalos e, à direita, uma enorme e horrível latrina, felizmente congelada. De repente, no fim do pátio, percebi a silhueta de um homem. Ele parecia ter se agachado em outra latrina e, quando nos viu, subiu as calças depressa e se esgueirou furtivamente por uma porta do subsolo. Por um curto instante, pude perceber seu rosto – o rosto de um pobre-diabo, que expressava o sofrimento e o desvario, beirando o retardo. Naquele momento desejei que toda a Alemanha pudesse ver aquele rosto. O homem já era moribundo sem dúvida e no subsolo onde desaparecera havia centenas de alemães morrendo de fome e frio.

"Ainda não tivemos tempo de cuidar deles, disse um dos russos. Vamos levá-los provavelmente amanhã."

Na extremidade do pátio, entre uma latrina e uma mureta, amontoavam-se pilhas de cadáveres alemães esqueléticos, com faces descarnadas, que deviam ter morrido no subsolo. Não entramos lá – para quê? –, não podíamos fazer nada por eles.

Essa foi a última imagem que guardei de Stalingrado. Lembrei-me dos longos dias de angústia do verão de 1942, das noites de bombardeio sobre Londres, da fotografia de Hitler gesticulando nas escadas da igreja Madeleine, em Paris, e dos sombrios anos 1938-1939, quando a Europa frouxa regulava seus passos por Berlim e escutava os guinchos de Hitler acompanhados pelos rugidos de canibal da multidão. E, acima dessas latrinas congeladas, dessas ossadas de cavalos e desses cadáveres lívidos e esqueléticos que cobriam o pátio da casa do Exército Vermelho em Stalingrado, parecia que víamos a figura rude da justiça divina.

A Rússia entrava agora em uma nova fase da guerra. Após ter libertado seu próprio solo, ela se envolvia numa guerra de libertação. E quanto mais o Exército Vermelho progredia para o oeste, aproximando-se do coração da Europa, mais interesse a Rússia tinha nas questões internacionais. Até fevereiro de 1943, a guerra fora a única preocupação dos russos. Cada pensamento, cada átomo de energia estava mobilizado para impedir o desastre.

Após Stalingrado, a Rússia passou a ser um ator poderoso na política mundial. Fez ouvir sua voz com mais força e mais segurança no concerto das nações. Tinha agora mais autoridade e peso do que jamais tivera desde a Revolução. A ideia de uma grande nação pan-eslavista semeada em 1941-1942 começava a germinar. E, já em abril de 1943, apenas dois meses após a vitória de Stalingrado, surgiu, em toda sua amplitude, o problema polonês. A Rússia tomava consciência da existência da Europa. Em 1943, Moscou se tornou um dos três grandes centros mundiais de decisão que participariam da primeira grande reunião internacional em Teerã. Três reuniões ocorreriam ali. Uma guerra desesperadamente dura continuava, entretanto, na Rússia, e a vitória ainda não estava dada. Mas, depois de Stalingrado, com a intensificação da guerra no oeste e o envio cada vez maior de equipamento aliado para a Rússia, a vitória era apenas uma questão de tempo. Porém, o fator tempo permanecia um problema agudo, pelo menos no plano psicológico. Mesmo nessas condições, a Rússia adquirira confiança em si e, ao menos por um tempo, deu mostras de menos desconfiança do mundo ocidental, com o qual deveria conviver como uma das três grandes potências.

Nota

[1] Simples escaramuça fronteiriça entre soviéticos e japoneses, na fronteira entre a URSS e a Manchúria (maio de 1939), esse incidente se transformou no verão daquele ano em verdadeira guerra não declarada. Em agosto, as tropas soviéticas comandadas por um jovem general com um futuro promissor, Georgui Jukov, infligem uma derrota esmagadora às tropas japonesas em Halkin Gol – lição que impedirá os japoneses de intervir posteriormente quando os alemães atacarem a URSS.

Posfácio

Nicolas Werth

"Em minha opinião, este livro é mais do que uma mera reportagem 'impressionista' de um correspondente de guerra. No entanto, ele não pretende absolutamente ao título augusto de livro de história", escrevia Alexander Werth no prefácio a *The Year of Stalingrad*, no final de 1945. Seus dois relatos de guerra anteriores, *Moscou 41* e *Leningrad*,[1] haviam sido escritos e publicados rapidamente, em 1942 e 1943, mas a redação de *The Year of Stalingrad* levara "entre dois e três anos, o tempo necessário para analisar, com um mínimo de distanciamento, as múltiplas fases de uma das maiores batalhas da Segunda Guerra Mundial".

"Como dar conta da complexidade de uma batalha ao mesmo tempo defensiva e ofensiva, que durou mais de seis meses?", interrogava-se então Alexander Werth. "Para escrever uma 'história verdadeira' de Stalingrado, eu precisaria ter consultado os relatórios taquigráficos do Politburo e das principais reuniões entre líderes políticos e chefes militares, quando foram tomadas as grandes decisões estratégicas. É muito pouco provável que esses documentos estejam disponíveis algum dia. O máximo que se pode esperar, em um futuro razoavelmente próximo, é um relato cândido de Churchill sobre sua visita a Moscou em agosto de 1942!"

Nessas condições, ressaltava Alexander Werth em 1945, o correspondente de guerra que deseja se confrontar com a "Grande História" deve "juntar" os elementos de que dispõe: análises feitas "no calor da hora" pelos especialistas militares, artigos especializados dos jornais do Exército, testemunhos de oficiais ouvidos em encontros "oficiais", informações trocadas – "surrupiadas", fico tentado a dizer – com os colegas.

Por razões editoriais, somente a parte exclusivamente centrada na Batalha de Stalingrado – cerca de metade da obra original – está publicada em francês. O livro completo, editado na Grã-Bretanha, em janeiro de 1946, é uma obra na verdade bastante híbrida: ela mescla longos trechos extraídos do diário que Alexander Werth escreveu em sua segunda estadia na URSS e capítulos mais sintéticos, redigidos em 1945, sobre a Batalha de Stalingrado.

Relembremos, brevemente, a trajetória de Alexander Werth.

O autor nasceu em 1901, em uma família abastada da grande burguesia industrial de origem alemã, instalada em São Petersburgo há muitas gerações. Seu pai, Adolf Werth, um grande industrial e alto funcionário do Ministério das Comunicações, que frequentava os círculos do Partido Constitucional-Democrata, é suficientemente lúcido para deixar a Rússia algumas semanas antes que os bolcheviques tomem o poder, e se instalar em Glasgow, onde o filho cursaria o ensino superior. Após se diplomar em Jornalismo, Alexander Werth é contratado pelo *Manchester Guardian* e vai para Paris, como correspondente, nos anos 1930. Acompanha de perto a política da França, escreve várias obras que chamam a atenção e que anunciam uma crise profunda da democracia francesa diante da escalada do hitlerismo[2] e engaja-se ativamente no campo dos opositores aos acordos de Munique. Ainda em Paris quando estoura a guerra, assiste à derrota francesa em maio-junho de 1940, registrada e analisada em um pequeno livro – *Os últimos dias de Paris: diário de um jornalista** –, publicado em Londres, para onde retorna no último momento, de navio, via Bordeaux, ao final desse mesmo ano.

Jornalista reconhecido, fluente em russo, Werth é visto, desde a invasão alemã da URSS, em 22 de junho de 1941, como o homem perfeito para cobrir a guerra no Leste. No dia 3 de julho, ele assume como correspondente da BBC e do *Sunday Times* e embarca no avião que leva a Moscou os membros da missão militar britânica, liderada pelo general Mac Farlane. Werth permanecerá na URSS até maio de 1948, retornando à Grã-Bretanha apenas por alguns meses, de outubro de 1941 a maio de 1942. Durante toda a guerra, às 21h de domingo, ele apresenta um programa na BBC, *Russian Commentary*, que tem boa audiência e é o único inteiramente consagrado ao confronto na frente oriental.

Os oito primeiros capítulos de *The Year of Stalingrad* – não publicados nesta obra – descrevem o "reencontro" do jornalista com a URSS em guerra. Tendo partido da Escócia, Werth leva 15 dias para chegar a Murmansk por via marítima; um terço dos barcos do comboio PQ16, escoltado por navios da Marinha Real Britânica, é afundado entre a Escócia e Murmansk. Depois, leva mais uma semana de trem até Moscou. Durante esse longo trajeto em um vagão de terceira classe, ele observa toda uma sociedade em movimento: soldados em licença, evacuados, deslocados, refugiados. Na estação de Vologda, encontra os sobreviventes do cerco de Leningrado, que acabam de ser evacuados graças à reabertura, após o degelo da pri-

---

* N.T.: Alexander Werth, *Os últimos dias de Paris: diário de um jornalista*, Rio de Janeiro: Atlântica, s.d.

mavera, da frágil "estrada da vida":* a evacuação se faz por barco no lago de Ladoga e depois por trem até o grande cruzamento ferroviário do nordeste da Rússia, Vologda. Ao chegar enfim a Moscou, no dia 7 de junho de 1942, Werth vai acompanhar da capital, onde ficam os correspondentes estrangeiros, a formidável ofensiva alemã do verão de 1942, que levará a Wehrmacht a Stalingrado e ao Cáucaso. No final de julho, a imprensa soviética anuncia simultaneamente a perda de Novocherkassk e de Rostov-sobre-o-Don, que abre aos alemães as portas da rica região produtora de cereais de Kuban, assim como do Cáucaso, tornando agora possível o controle dos campos petrolíferos estratégicos da região de Grosny. É nesse contexto dramático que começa, no final de julho de 1942, a Batalha de Stalingrado, "ponto nevrálgico", como Werth chama justamente, de toda a campanha militar alemã de 1942 na frente oriental.

A análise que Werth propõe do desenrolar da Batalha de Stalingrado, do final de julho de 1942 a 2 de fevereiro de 1943, é a primeira tentativa de reconstituição das operações militares, a partir dos fragmentos de informação então disponíveis, por um dos raros correspondentes de guerra estrangeiros na frente oriental. Na realidade, será preciso esperar o fim dos anos 1950 para dispor de uma primeira história completa – vista do lado soviético, é evidente – dessa batalha decisiva que mudou o curso da guerra no Leste. De fato, foi somente em 1959 que o general Tchuikov, comandante do 62º Exército soviético, encarregado de defender Stalingrado, publicou seu grande relato das oito fases principais da Batalha de Stalingrado.[3] Werth explorou amplamente esses dados para redigir os capítulos sobre essa batalha em sua obra maior, *A Rússia na guerra*, publicada na Europa em 1964. O livro de Tchuikov continua sendo uma fonte capital, bem conhecida e muito útil para todos os historiadores que estudam a Batalha de Stalingrado.[4]

---

* N.T.: Caminho que atravessava o lago Ladoga congelado e constituía a única via de acesso à cidade sitiada.

Posfácio

Comparando os relatos recentes sobre o desenrolar das diferentes fases da Batalha de Stalingrado com a reconstituição das operações militares apresentada já em 1945 por Werth, percebe-se que as diferenças não são significativas. Seria maçante enumerá-las aqui. A seriedade da investigação do correspondente de guerra é inegável. Para reconstituir as diferentes fases das operações militares e expor a superposição dos diversos níveis da batalha – das grandes manobras do cerco secretamente preparadas pelo Estado-Maior do Exército Vermelho, a partir de outubro de 1942, até os combates de rua, travados prédio por prédio no coração de uma das maiores cidades industriais soviéticas dos anos 1930 –, Werth cruzou várias e diversas fontes. Ele se baseou principalmente nas entrevistas que fez, entre fevereiro e março de 1945, na Alemanha, com o general Talansky e o coronel Zamiatin, que comandaram a Batalha de Stalingrado. Mas o livro-depoimento de Werth não se limita, longe disso, à reconstituição das operações militares. Ele analisa muitos outros aspectos da vida social e política da URSS em guerra durante esses meses decisivos da segunda metade de 1942: a evolução da propaganda antialemã, a questão da descoberta das atrocidades nazistas quando o Exército Vermelho libertou as zonas ocupadas pelos alemães, a campanha política a favor de um "retorno à tradição" no exército, o rigor da repressão contra os "fabricantes de pânico e os covardes"* na fase mais dura da ofensiva alemã, entre julho e agosto de 1942.

Porém, as páginas mais fascinantes do livro são aquelas em que Werth descreve sua descoberta de Stalingrado, no dia seguinte à capitulação do 6º Exército alemão, comandado por Friedrich von Paulus. O autor se esmera para descrever a atmosfera do campo de batalha, agora mergulhado no silêncio, e a decadência dos

---

* N.T.: Referência aos termos usados na Diretriz nº 227, de 28 de julho de 1942, de Stalin, que estabelecia a execução de todas as pessoas que provocassem pânico e que demonstrassem covardia.

soldados e dos oficiais da Wehrmacht, reduzidos a farrapos humanos agonizando de fome e frio nas ruínas de Stalingrado, e para retratar a reação do simples soldado russo a essa vitória tão cara. Por fim, a descrição que ele faz de seu encontro com o Estado-Maior do 6º Exército alemão vencido é verdadeiramente antológica.

No prefácio a The Year of Stalingrad, Werth anunciava sua intenção de continuar a organizar suas anotações dos anos de 1943-1945. Por diversas razões, ligadas principalmente às condições cada vez mais difíceis do exercício da profissão de jornalista na URSS do pós-guerra, rapidamente mergulhada na Guerra Fria, ele jamais concluiu esse projeto. Todavia, vinte anos mais tarde, aproveitou muitas de suas anotações feitas no calor dos acontecimentos para redigir passagens inteiras de A Rússia na guerra.* Hoje em dia, o leitor francês dispõe da maior parte das notas de Alexander Werth, que completam e esclarecem A Rússia na guerra. Elas revelam o imenso trabalho do historiador a partir das anotações – entre outras fontes – redigidas no momento em que os acontecimentos se desenrolavam.

Notas

[1] Esses dois relatos foram recentemente traduzidos e publicados em francês: Leningrad, 1943, Tallandier, 2010; Moscou 1941, Tallandier, 2012.
[2] France in Ferment (London, Jarrrolds, 1934); The Destiny of France (London, Hamish Hamilton, 1937); France and Munich: Before and After the Surrender (London, Hamish Hamilton, 1939).
[3] Vassily Ivanovitch Tchuikov, Nachalo Puti ("O início do caminho"), Moskva, Voienizdat, 1959.
[4] Limito-me aqui a mencionar, na importante literatura histórica sobre a Batalha de Stalingrado, a obra de Anthony Beevor, Stalingrad (Paris, Fallois, 1999).

* N.T.: Alexander Werth, A Rússia na guerra: 1941/1945, Rio de Janeiro, Civilização Brasileira, 1966.

O autor

Alexander Werth nasceu em 1901, em São Petersburgo. Foge com a família para a Grã-Bretanha às vésperas da Revolução Russa e se instala em Glasgow, onde cursa os estudos superiores e se forma em Jornalismo. Contratado pelo *Manchester Guardian*, vai para Paris como correspondente nos anos 1930. Durante a Segunda Guerra Mundial, assume como correspondente da BBC e do *Sunday Times* e embarca no avião que leva a Moscou os membros da missão militar britânica. Werth permanecerá na URSS até maio de 1948, retornando à Grã-Bretanha apenas por alguns meses, de outubro de 1941 a maio de 1942. Autor de diversos livros, falece em 1969.

Seu filho, **Nicolas Werth**, historiador especializado na União Soviética, fez as notas comentadas e o posfácio da obra.